副刊文丛

主编 李辉 王刘纯

有时悲伤，有时宁静

韩浩月 著

中原出版传媒集团
中原传媒股份有限公司
大象出版社
·郑州·

图书在版编目(CIP)数据

有时悲伤,有时宁静／韩浩月著.— 郑州：大象出版社,2019.10
(副刊文丛／李辉,王刘纯主编)
ISBN 978-7-5711-0235-7

Ⅰ.①有… Ⅱ.①韩… Ⅲ.①书评—中国—现代—选集 Ⅳ.①G236

中国版本图书馆CIP数据核字(2019)第150490号

有时悲伤,有时宁静

YOUSHI BEISHANG,YOUSHI NINGJING

韩浩月 著

出 版 人	王刘纯
项目统筹	李光洁　成　艳
责任编辑	王军敏
责任校对	牛志远　张英方
封面设计	段　旭
内文设计	杜晓燕

出版发行	大象出版社(郑州市郑东新区祥盛街27号　邮政编码450016)
	发行科　0371-63863551　总编室　0371-65597936
网　　址	www.daxiang.cn
印　　刷	北京汇林印务有限公司
经　　销	各地新华书店经销
开　　本	787mm×1092mm　1/32
印　　张	9.25
字　　数	122千字
版　　次	2019年10月第1版　2019年10月第1次印刷
定　　价	46.00元

若发现印、装质量问题,影响阅读,请与承印厂联系调换。
印厂地址　北京市大兴区黄村镇南六环磁各庄立交桥南200米(中轴路东侧)
邮政编码　102600　　　　　　　　电话　010-61264834

"副刊文丛"总序

李 辉

设想编一套"副刊文丛"的念头由来已久。

中文报纸副刊历史可谓悠久,迄今已有百年。副刊为中文报纸的一大特色。自近代中国报纸诞生之后,几乎所有报纸都有不同类型、不同风格的副刊。在出版业尚不发达之际,精彩纷呈的副刊版面,几乎成为作者与读者之间最为便利的交流平台。百年间,副刊上发表过多少重要作品,培养过多少作家,若要认真统计,颇为不易。

"五四新文学"兴起,报纸副刊一时间成为重要作家与重要作品率先亮相的舞台,从鲁迅的小说《阿Q正传》、郭沫若的诗歌《女神》,到巴金的小说《家》等均是在北京、上海的报纸副刊上发表,从而产生广泛影响的。随着各类出版社雨后春笋般出现,杂志、书籍与报纸副刊渐次形成三足鼎立的局面,但是,不同区域或大小城市,都有不同类型的报纸副刊,因而形成不同层面的读者群,在与读者建立直接和广泛的联系方面,多年来报纸副刊一直占据优势。近些年,随着电视、网络等新兴媒体的崛起,报纸副刊的优势以及影响力开始减弱,长期以来副刊作为阵地培养作家的方式,也随之隐退,风光不再。

尽管如此,就报纸而言,副刊依旧具有稳定性,所刊文章更注重深度而非时效性。在新闻爆炸性滚动播出的当下,报纸的所谓新闻效应早已滞后,无法与昔日同日而语。在我看来，唯有副刊之类的版面，侧重于独家深度文章，侧重于作者不同角度的发现，才能与其他媒体相抗衡。或者说，只有副刊版面发表的不太注重新闻时效的文章，才足以让读者静下心，选择合适时间品茗细读，与之达到心领神会的交融。这或许才是一份报纸在新闻之外能够带给读者的最佳阅读体验。

1982年自复旦大学毕业，我进入报社，先是编辑《北京晚报》副刊《五色土》，后是编辑《人民日报》副刊《大地》，长达三十四年的光阴，几乎都是在编辑副刊。除了编辑副刊，我还在《中国青年报》《新民晚报》《南方周末》等的副刊上，开设了多年个人专栏。副刊与我，可谓不离不弃。编辑副刊三十余年，有幸与不少前辈文人交往，而他们中间的不少人，都曾编辑过副刊，如夏衍、沈从文、萧乾、刘北汜、吴祖光、郁风、柯灵、黄裳、袁鹰、姜德明等。在不同时期的这些前辈编辑那里，我感受着百年之间中国报纸副刊的斑斓景象与编辑情怀。

行将退休，编辑一套"副刊文丛"的想法愈加强烈。尽管面临新媒体的挑战，不少报纸副刊如今仍以其稳定性、原创性、丰富性等特点，坚守着文化品位和文化传承。一大批副刊编辑，不急不躁，沉着坚韧，以各自的才华和眼光，既编辑好不同精品专栏，又笔耕不辍，佳作迭出。鉴于此，我觉得有必要将中国各地报纸副刊的作品，以不同编辑方式予以整合，集中呈现，使纸媒副刊作品，在与新媒体的博弈中，以出版物的形式，留存历史，留存文化，便于日后人们借这套丛书领略中文报纸副刊（包括海外）曾经拥有过的丰富景象。

"副刊文丛"设想以两种类型出版，每年大约出版二十种。

第一类：精品栏目荟萃。约请各地中文报纸副刊，挑选精品专栏若干编选，涵盖文化、人物、历史、美术、收藏等领域。

第二类：个人作品精选。副刊编辑、在副刊开设个人专栏的作者，人才济济，各有专长，可从中挑选若干，编辑个人作品集。

初步计划先从20世纪80年代开始编选，然后，再往前延伸，直到"五四新文学"时期。如能坚持多年，相信能大致呈现中国报纸副刊的重要成果。

将这一想法与大象出版社社长王刘纯兄沟通，得到王兄的大力支持。如此大规模的一套"副刊文丛"，只有得到大象出版社各位同人的鼎力相助，构想才有一个落地的坚实平台。与大象出版社合作二十年，友情笃深，感谢历届社长和编辑们对我的支持，一直感觉自己仿佛早已是他们中间的一员。

在开始编选"副刊文丛"过程中，得到不少前辈与友人的支持。感谢王刘纯兄应允与我一起担任丛书主编，感谢袁鹰、姜德明两位副刊前辈同意出任"副刊文丛"的顾问，感谢姜德明先生为我编选的《副刊面面观》一书写序……

特别感谢所有来自海内外参与这套丛书的作者与朋友，没有你们的大力支持，构想不可能落地。

期待"副刊文丛"能够得到副刊编辑和读者的认可。期待更多朋友参与其中。期待"副刊文丛"能够坚持下去，真正成为一套文化积累的丛书，延续中文报纸副刊的历史脉络。

我们一起共同努力吧！

2016年7月10日，写于北京酷热中

书里的"言外之意"(代序)

韩浩月

这是我第一次出版书评集。

整理书评,是一件略带庄重且心怀愉悦的事。在整个过程里,自己所得到的暗示是,这些年毕竟还是读过一些书的,并且通过书评的形式记录下了当时的阅读心得,如果当时读完而不写,则会是一种遗憾。写书评,也是件错过了就不会重来的事情。

关于读书，我有三个倾向：一是读朋友写的书，以便了解他们的写作状况；二是读当代作家的书，寻找文学创作的变化痕迹；三是重读经典，重新去发现与感受过去阅读时所不理解的情节与情绪。

这三类书成为我阅读生活中的主要构成。

作家写完书，和导演拍完电影一样，总是分外期待读者与观众参与讨论。因为只有这样，才会让作品走出创作者的"房间"，融入更多的情感与社会元素，真正成为大众文化产品。因此，总会有作家这么形容：写完的作品就如同养大的孩子，走出家门后就不属于自己了。

我写书评，除看重作品的可读性、思想性之外，紧随其后就是考虑自己的参与性。读书的终极目的是"学为我用"，而借着写书评的机会来倾诉一些自己的心声，这很值得为之投入。

如同对某些书、某些作家有着更多一些的偏爱一样，本书收录的书评也按照我的个人喜好进行了编排，因此文章没有按照发表时间顺序排列。

书评不单纯是介绍书的,很多时候,它也是在发出一些信息,寻找有共鸣的朋友。

希望您能读到这本书里的"言外之意"。

2019 年 4 月 11 日

目 录

第一辑 没有不带附言的信

一个女人的史诗	3
把毛姆的秘密和盘托出	8
想成为传奇不容易	13
你好，卡萨诺瓦	18
没有不带附言的信	22
寻找安静的萨冈	28
情爱的最美背景	33
你无法不"失落"	38
愿望中的城市没有悲伤	42
与心兽同呼吸	46

偶遇的陷阱	50
迷失的女孩	56
你和他们不一样	61
十年黑暗与七天光明	65
不要相信结局	69
刘心武的窗外飘着什么？	73
毕飞宇的心灵推手	78
听张翎讲述美	81
王朔的真诚和温情	85
张炜笔下的中国病人	89
张大春与李白的时光旅行	95
余华的进步与退步	99
陈染有时悲伤，有时宁静	104
严歌苓与她的乱世爱情梦	108
鲁敏打开一个黑色信封	112

鲍尔吉·原野手握果实，凝望花朵　　　115

严歌苓用温暖笔触写就冰冷故事　　　120

毕淑敏的冷静与犀利　　　125

第二辑　遐想与疼痛

向巴尔扎克学习风雅　　　131

那些令人羡煞的文人交往　　　136

贾樟柯的遐想与疼痛　　　140

读书如饮烈酒　　　145

唤醒对"人情"亲近的愿望　　　149

文字是通往内心最美的语言　　　153

做生活的修行者　　　157

像"逃世者"那样生活？　　　161

就像孙悟空遇到赫拉克勒斯　　　166

文学批评的火焰燃烧时需要美与持久　171

说不尽的欲望与诗　175

人间一直悲欣交集　180

不敢读史铁生　185

影评人是知识分子的第三身份？　189

诺奖经典照亮思想之路　194

让孩子拥有透彻的灵魂　199

一只不那么聒噪的乌鸦　205

悲凉的爱情花朵　208

在理想的下午，饮酒还是喝茶？　214

第三辑　历史的杯底

现代文人应该有一点"东坡精神"　221

第三种品曹操的方式　226

品魏晋风骨	230
古典中国的细腻纹理	234
中国人的姓与命	239
为什么热爱燕京大学?	244
酒后漫谈的快意	249
帮年轻人反思祖辈们的生存土壤	253
历史的墙角可以这么拆	257
做历史的旁观者	261
名桥如名媛	265
历史的酒杯底下摇曳着什么?	270

第一辑

没有不带附言的信

一个女人的史诗

上帝在制造万物的时候会留下隐秘的信息,这些信息被视为上帝的签名,这是美国作家伊丽莎白·吉尔伯特新书《万物的签名》的书名由来。如果用一句话介绍这本书,可以这么说,一位伟大的女科学家,对植物的生命密码了若指掌,但却被人与人之间的关系困惑终生,她无法知道上帝在人的心间留下了什么样的签名。

这本书拥有不少有关植物的专业知识,也有一些关于植物与哲学、宗教的大段论述，但这些内容在书中所占比例丝毫不会影响到故事的可读性，这是一本纯粹的小说，而非借着小说的名义强化阅读快感的科普读物。

作者搜集如此众多且有权威的植物知识，是为了让本书更有趣，当读者被人物情感打动的时候，会忍不住关注那些相对专业的信息，并且在这些信息中得到妥帖的安慰——如同本书主角阿尔玛一样，她生命里遇到的每一次重大挫折，都会把她对植物的依赖向前推进一步。

《万物的签名》堪称一个女人的史诗。阿尔玛是个强壮健康的女人，少女时期有过倾慕的对象——她的图书出版人霍克斯，到了结婚的年龄，嫁给了另外一个让她心旌摇曳的人——神秘而又富有魅力的兰花画家安布罗斯，但直到 90 多岁死去时，她还是一个处女。

这是一个标准的悲剧，不是吗？上帝留在她身体里的签名出现了乱码，一个在科学上有巨大成就的女科学家在情感上却溃败得一塌糊涂。

吉尔伯特真是位优秀的故事讲述者，她的书写有着古典主义的优雅与从容，也有着流行现代派的幽默与趣味，她像毛姆一样深知读者对传奇的渴望，因此从书的第一页开始，就注定了这是一部浩荡的、激烈的、回味无穷的传奇故事。

阿尔玛的父亲，同时也是白亩庄园的暴君亨利，本身就是一个神话一样的人物。出身卑微的他通过少年时的偷窃所得以及成年后航海旅行获得的珍贵树种，变成了富可敌国的人物，他的权势体现在女儿身上，就是取代了上帝，把他的遗传基因无可阻挡地传递到了女儿的头脑里。

在富有、封闭又保守的白亩庄园，风平浪静之下隐藏着命运齿轮咬合时发出的惨痛声响，被收养的妹妹普鲁登丝嫁给了年龄大她许多的家庭教师，是不愿与姐姐争夺霍克斯，但霍克斯最后却娶了她们共同的好友芮塔。三姐妹的一生都没有得到爱情与家庭的幸福，普鲁登丝把一生都奉献给了美国废奴事业，芮塔进了精神病院，阿尔玛自我放逐，去寻找自己名义上的丈夫曾爱过的男人。

这样的情感关系，放在普通的情爱小说里再常见不过，但有了"万物的签名"这个概念在，有了那么多神奇的植物、陌生的国度以及浩瀚的海洋，小说因此具备了让人难以割舍的魅力。作者以她构建的格局赢得了读者的关注，又以人物悲情的命运打动了读者的心扉，她以女性化的角度去描绘女孩对爱情一厢情愿的想象，转过身又以非常男性的口吻去刻画闯荡与探险的情怀。

这是一位少见的不与读者较劲的作家。《华盛顿邮报》评价《万物的签名》"这是一本光芒四射的小说，一次珍贵的文学成就"，小说虽藏有光芒，但外在朴素。

好的小说在阅读时会给人舒适感。这种舒适感如同《纽约时报》的评价，源自本书"是向大自然的智慧致敬"。植物本身有魅力，文学本身也有魅力，两者的结合亲密无间，这本小说就是生长于植物之上汲取着植物提供的营养创作出来的。

阅读它的最大感受是：人当活成一株植物，以自然为壤，以文学为水分，活得舒展一些。

尤其值得关注的是,《万物的签名》符合经典写作的大多数要素:结构宏大,富有戏剧性的曲折情节,简洁有力的文字表达,拒绝草草而就的沉稳姿态,对每一个术语所体现出来的专业性(尽管不专业也无损阅读)。它的重要性会随着时间的推移被不断发现。

(《香港文汇报》2015年4月13日)

把毛姆的秘密和盘托出

读过毛姆的诸多小说,但没意识到要读一下他的传记。也许是在其作品中,毛姆融入了自己过多的身影,所以对他的性格与审美,已经很熟悉了,熟悉到不用读有关他的传记。直到发现有他的传记新版本出版时,才第一时间买过来读。

不查不知道,市面上堂而皇之打着"毛姆传"名义出版的图书就有五种,分别是《毛姆传:毛姆的秘密生活》《毛姆传》《盛誉下的孤独者——毛姆传》《人世的挑剔者：毛姆传》《天堂之魔：毛姆传》。

我读的这本是《毛姆传：毛姆的秘密生活》。在这五本书当中，《盛誉下的孤独者——毛姆传》的作者罗宾·毛姆是毛姆的侄子，按道理说可信程度应该是相当高的。但《毛姆传：毛姆的秘密生活》（以下简称《秘密生活》）这本书，打出的宣传语却是"唯一得到毛姆授权的传记"，可想而知，得到传主授权的作品，是不会看到其真正秘密的，所谓"毛姆的秘密生活"，读者在读的时候，要事先降低期待值。

毛姆是个同性恋者，这在他去世后已是众所周知的秘密。《秘密生活》这本书里，有过半的篇幅是在讲述毛姆不同时期的同性男友。传记的作者深知如何既要讲出传主的秘密，又要保守传主的颜面，因此这本书的文字克制而理性，没有过多八卦的描写，想要多读到一些桃色描写的读者恐怕要失望了。

不过，如同毛姆多数在他的小说中把婚姻中的妻子刻画得无比尖酸势利一样，《秘密生活》也把毛姆的妻子西里尔描述成一个神经质的女人，其中最有代表性的事件是,毛姆功成名就,拥有了豪宅,西里尔却热衷于出售豪宅里的家具,某天毛姆下楼,发现自己的书桌被老婆卖掉了,早已对婚姻绝望的毛姆没有发作,而是选择默默地上楼又睡觉去了。

是"四分之三"的同性恋倾向还是家有悍妇造成了毛姆的文学成就?从《秘密生活》看,都不是。毛姆的写作热情源自他的童年经历,家庭阴影以及口吃让毛姆的童年充满不幸,而在这巨大的不幸中,文学如同上帝之光照耀了他的精神世界。在他的一生当中,写作不仅给他带来了名声与财富,也让他的心灵得到了充盈。

《秘密生活》记录了毛姆那颗安定不下来的心,他全球旅行,走上战争前线,担任英国间谍,不停地结识好友,目的只有一个,获得故事,并在真实故事的基础上进行丰富的演绎,以此创作出大受欢迎的小说。

毛姆自己坦承,他不是一个拥有良好想象力的作家,他的小说和戏剧,是他用耳朵从人群中听来的,是他用脚一步一步走出来的。很大程度上,这本自传更像是毛姆的文学创作自传,写作的人会从中获益。

在知识分子眼里,毛姆不是一个上好的小说家,毛姆的作品也与通俗读物的阅读者有距离,但对于中产阶层来说,毛姆显然可以列入重点作家名单,因为他的小说所描绘的阶层、传递出的价值观以及人物角色的性格命运,无一不与中产阶层相匹配。

作为一位从底层奋斗起来的作家,毛姆一生也没能进入权贵阶层,而在中产阶层那里,他如鱼得水,找到了存在感。

作为戏剧高产量作家以及作品被改编为电影最多的作家之一,毛姆为这个世界留下了一笔宝贵的故事富矿。这些故事至今仍然在不断地被重新印刷,为读者的闲暇时光增添着趣味,因此,阅读《秘密生活》就有了这样一个理由:去了解我们熟悉的这位朋友,看看他的一生究竟发生了什么。

如果用一句话来评价毛姆的一生,那么可以这么说:这世界,他来过,爱过,每一天都被他过得充实而富足。

不管"毛姆传"的版本有多少,读一本就够了,毛姆不为人所知的秘密已经不多,当他把自己有关文学的秘密和盘托出的时候,就已经选择了站在亮处,任人评判。我想,他会更在意后世之人如何评价他的文字,而非对他的私生活指指点点。

(《北京日报》2015年5月14日)

想成为传奇不容易

《马来故事集》收录了六个短篇故事，每个故事都有价值展开成一部长篇故事，而且这六个故事都有一个共同特征，即把不可能发生的事情变成可能，且作者有强大的说服能力，让读者真切意识到，这些故事就发生在我们的日常生活里。

这本书的原名 *Ah king*（《阿金》），是毛姆在东南亚旅行时聘用的贴身男仆。喜欢在书的序言中夸夸其谈的毛姆，在这本书里也没有例外，他讲述了聘请阿金的过程，描绘了阿金的性格，并以阿金的名字命名这本书。这可以视为他送给阿金的礼物，尽管后面的故事和阿金没有一毛钱关系。

喜欢毛姆的读者，多是从他那本《月亮与六便士》开始，那是一本毛姆少有的、凝练的、一气呵成的、情节紧凑的作品，但在他的《刀锋》《人生的枷锁》等作品中，还是能感受到在真正进入故事之前的繁文缛节，好在毛姆的语言足够灵活幽默，现场感强，才可以带动读者耐心读下去。这也是毛姆为什么不能成为超一流文学大师的原因所在。

但《马来故事集》不一样，受制于单篇故事的篇幅，留给毛姆絮叨的空间并不大，在几页之后，毛姆就会展现故事的冲突，并一鼓作气地带领读者共同完成一个"传奇之旅"。这些传奇故事，来自毛姆旅途中的所见所闻，有些来自他朋友的身上，肯定有虚构的成分，但正像毛姆最大的优点一样，他能让读者根本意识不到虚构，完完全全地相信他讲述的故事是真的。

这个集子里最有代表性也是我最喜欢的一个短篇是

《愤怒之船》。故事先是塑造了一个名字叫金吉·特德的汉子，这个人浑身恶臭、野蛮无礼，根本不可能会有高贵的女人喜欢他，因为一次海上航行的意外，汽艇抛锚了，白人小姐琼斯不得不随船员踏上小岛过夜，在那天夜里，琼斯小姐坚定地认为自己一定会被这个恶人强奸，但最终发现，这个恶人只是在半夜的时候来给她盖过一次毯子，并无任何不轨行为。

如毛姆小说的一贯逻辑，这个故事以琼斯嫁给金吉·特德而结束，并且在琼斯的影响下，他信仰了基督，穿上了白衬衣，成为了一名绅士。

毛姆擅长写中产阶层生活，《愤怒之船》就是一个典型符合中产阶层趣味的故事。它先是刻薄，中间是理解，最后是包容与接纳。它指出生活之恶可以影响人，也坚信人性之美会改变人。在故事里，琼斯小姐是中产阶层的代表，她有这个阶层爱猜疑、没有安全感的特征，也有源源不断想要改造社会的动力，通过改造一个男人，中产阶层体现了这一阶层的价值与存在感。

因此，《愤怒之船》是一个看了容易产生满足感的故事，毕竟，它强调的是美好。

其他的几个故事，就没那么美好了。《丛林里的脚印》讲的是一个谋杀案，一桩表面平静的婚姻背后，是夫妻双方曾经杀人的阴冷事实；《机会之门》说的是激情消失给婚姻带来的毁灭性打击，如何面对床边人的庸俗，如何拯救两性之间的吸引力是这个故事的核心；《书袋》说的是一个悲伤的乱伦故事；《天涯海角》则叙述的是一个女人听闻情人去世之后的伤心欲绝；《尼尔·麦克亚当》刻画了一个已婚女人喜欢上一个年轻男孩的疯狂激情，死亡结尾令人感慨。

通过这个故事集，可以清楚看到毛姆对待爱情与婚姻的态度。他写尽了爱情的狂热以及陷入爱情中的人的盲目，也写透了婚姻令人厌烦的一面。

对于无聊与庸俗，毛姆的态度是尖刻的，他一向把有趣当成自己的人生追求，因此，对陷入常规的生活抱有厌弃态度。他的这本书之所以好看，是因为指出了现代人的心理弊病，人们总是渴望每一天的生活都是新鲜的、有趣的，但事实往往相反，生活因为重复而变得乏味、无趣，拯救这平凡生活的唯一方式就是释放激情，而这带来的后果可以用一句网络流行语来总结——不作死就不会死。

《马来故事集》是一本真实的、悲伤的故事集，六个小故事像六面镜子，故事角色的形象与现实生活中的人物会有交错的映射。平凡的人们总渴望有一段传奇经历，而读了这本书之后，如果您还对"传奇"抱有那么大的渴望，就只能劝告一句，成为传奇中人是有代价的，您准备好为这代价买单了吗？

（《香港文汇报》2015年3月16日）

你好，卡萨诺瓦

我在中国电影集团公司旁边的一家旧书店把卡萨诺瓦先生的自传《我的一生》打捞了出来，此后一周我都在阅读它。这是一本读后想把它藏起来的书，如同海涅曾对它的评价，"我不愿意向我的爱人推荐这部回忆录，但愿意向我的朋友们推荐"。

海涅何出此言？原因很简单，它是一本教唆意味太强的书。赤裸裸的欲望蒸腾，直白的情色描写，不仅让男人看后容易犯坏，女人看后也会蠢蠢欲动。此书太不符合卡萨诺瓦作为一个道德家的身份了——如果"道德家"这个名头真如我们想象的那样是道德高尚的代名词的话。

卡萨诺瓦是天使与魔鬼的结合体，一面是诗人、神父、学者、音乐家，一面是赌棍、嫖客、逃犯、骗子，一个男人的两面性在他身上得到了淋漓尽致的体现。如今卡萨诺瓦式的男人在生活中很难觅到踪迹，现代社会大多数男人，优秀一面乏善可陈，恶劣一面也远达不到罄竹难书。所以，作为一名为"活着"而挣扎的男人，在书中遇到这位放荡不羁的男人，会忍不住对他说一句：你好，卡萨诺瓦。

卡萨诺瓦一生爱过132个女人，另有一说116个，是名副其实的大情种。有种理论说，无论男人、女人，真正刻骨铭心的恋爱一生只有一次，而这种理论会在卡萨诺瓦那里土崩瓦解，因为这位先生的每段恋爱，几乎都可以用"全神贯注"来形容，但切莫为他的某段恋爱所感动，几页读过之后，会发现他的激情来得快消失得也快，爱上这样的浪子，注定是会受到伤害的，但卡萨诺瓦笔下的女人,却少有因为被他抛弃而痛不欲生的,相反,大多都平静地接受了现实,不知这是事实,还是卡萨诺瓦在书中为了减轻自己的负疚感而刻意没有记录自己对那些女人的伤害。

很多作家在作品中刻画过传世的男性艺术形象,卡萨诺瓦也不例外,只不过他笔下令人印象深刻的角色是他自己。在坦率程度上,他一点也不亚于写过《忏悔录》的卢梭,但他比卢梭要真诚得多,因为卢梭的忏悔不可避免地带有为自己开解的色彩,而卡萨诺瓦则很少在作品中为自己的画像上色,即只记录自己的言行思想,而从不通过评论自己来影响读者对他的判断。可以说卡萨诺瓦是个坦诚的男人,18世纪的欧陆社会充满虚荣、浮漂,男人多装腔作势,卡萨诺瓦能吸引女人,坦诚成为他攻破女人防线的重要武器。

卡萨诺瓦和罗曼·罗兰所著的《约翰·克里斯托夫》中的主人公约翰·克里斯托夫有诸多相似之处,他们都细腻、敏感、有艺术天分,他们的心灵活动大致相同,倾心于美好的事物,并乐于去追逐,甚至连脾气都一样,温柔起来像个王子，暴躁起来像头野猪。

剔除掉《我的一生》中有关情色描写的部分，会发现它立刻变得干瘪无力，但有一段无论如何也值得记一笔，即他与布拉尼基伯爵因剧院里的口舌之争而决斗的故事。决斗起因之草率，决斗过程之惨烈，决斗结束两人都重伤后彼此的惺惺相惜，让两人的骑士风采都得到了展现，这是货真价实的"像个男人那样去战斗"。

卡萨诺瓦的存在，让流氓与绅士之间的界限变得模糊了，因为你无法定义这个多变的男人，究竟是善良的还是邪恶的，卡萨诺瓦式的男人，或已成为消亡的物种，伴随那个马车时代一起湮灭在时间长河里。

（《新京报》2012年4月6日）

没有不带附言的信

你习惯在每封写给朋友的信的末尾写上 P. D. 附言吗？看完《邮差》，也许你会在一封信结束之后沉吟一下，补充一些信中没有提到的事情。

渔民的儿子马里奥·赫梅内斯在一个炎热的中午，收到了他的朋友巴勃罗·聂鲁达的信和包裹。在信里，聂鲁达除了用诗歌的语言，表达了对居住在黑岛上的赫梅内斯、他孀居的母亲、美丽的妻子以及新生的儿子的问候，还简单讲述了他在法国当大使的生活。

平生第一次收到来信的赫梅内斯没有看到信的附言，他失望极了，直到打开包裹里的收音机，按下播放键，听到熟悉的老朋友的声音传来，这个年轻人不禁跳起舞来，吻了一下他岳母的脸颊说："我说对了，夫人，P. D. 附言！我对您说了，没有不带附言的信……"

聂鲁达以录音形式呈现的附言，没有了信中的幽默和调侃，他用深情忧伤的情绪，请求他的朋友——黑岛上唯一的邮差，他的送信人——赫梅内斯帮他录下黑岛上的声音。对于已经把黑岛作为精神栖息之地的聂鲁达，美丽的巴黎不过是一件"过分肥硕的衣服"，在巴黎的冬天，他"变成了一个穿着白色长袍的悲伤的皇帝"。他告诉他的朋友："我的身体不好，我需要大海，我需要鸟儿。请把我家中的声音寄给我。你到花园中去，让风铃作响……然后再拉拉那只最大的钟的绳子，五次，六次。你到岩石那里去，给我录下浪涛的撞击声。如果你听到了海鸥的叫声，把它录下来；如果你听到了恒星的静默，也把它录下来……"

阅读《邮差》这本薄薄的小书到这里的时候，我承认自己开始着迷于它的故事，甚至信以为真。这份美好的友情，曾如碧波万顷的太平洋上的一朵浪花，真实且温暖地亲吻过黑岛边上的礁石。但这只是作者智利作家安东尼奥·斯卡尔梅达通过虚构的方式创作的一个美丽故事。

当年在一个"五等小报"做文化编辑的斯卡尔梅达，被报社安排去黑岛度假，顺便采访一下当时声名显赫的聂鲁达的情爱生活，《邮差》就是他采访之余生产出的"副产品"。故事很简单：青年渔民赫梅内斯无心工作，每日在黑岛游荡，一个偶然的机会，他得知自己有机会成为一名邮差，服务于他唯一的客户——著名诗人聂鲁达，崇敬诗人和诗歌的赫梅内斯争取到了这个职位。在日常交往中，他们建立了深厚的友谊。赫梅内斯爱上了小酒馆里美丽的女郎阿特丽斯，为了向爱人表白，他向聂鲁达学习"比喻"的用法。最后，在聂鲁达的帮助和撮合下，有情人终成眷属。

作者斯卡尔梅达本身也是一位活跃于拉丁美洲文坛的重要作家，在欧洲乃至世界范围内都是一位有影响力的作家。他以《邮差》为蓝本，将之改编成电影剧本。影片《聂鲁达的邮递员》1995年获第68届奥斯卡金像奖五项提名。

斯卡尔梅达的写作深受聂鲁达影响，他创作的大量作品，对于聂鲁达优美诗句的引用随处可在。在《邮差》中，聂鲁达与人的许多对话都洋溢着诗歌的浪漫和激情，斯卡尔梅达通过自己的故事和语言，在传达着自己对聂鲁达崇敬的同时，也使读者对聂鲁达的想象变得栩栩如生。书中有不少情节，都堪称一堂精妙的诗歌讲解课。这些对于诗歌之美进行探讨和欣赏的对话，丝毫没有喧宾夺主影响到情节推进，相反却如珍珠一样，让这个故事散发着晶亮的光芒。

"你有月亮的线条，苹果似的风姿/裸体的你，是如此瘦弱，像赤裸的麦子/裸体的你，蔚蓝深沉，像古巴的夜空/美发似攀缘覆盖，鲜花像繁星点点/裸体的你庞大伟岸，发出黄色光芒，就像夏日中金色的教堂。"

赫梅内斯将抄袭聂鲁达的诗句塞进了心仪姑娘的胸罩，从不正眼看他的酒馆女郎奋不顾身爱上了邮差，气极败坏的未来丈母娘来到了聂鲁达的别墅,奚落了一番著名的智利诗人,同样被聂鲁达怀疑其真诚程度的赫梅内斯情急之下终于学会了一直令他抓耳挠腮的"比喻"——"即使那个女人用剃刀刮我的骨头,我也在所不惜""我的双肺比手风琴风箱的能量还要大""可以吹动一艘护卫舰,一直开到澳大利亚"……

不得不说,诗歌给了这个貌不惊人的邮差莫大的勇气,而爱情最终让他了解和感受到了诗歌的魅力。《邮差》是一本用诗歌语言讲述友情和爱情的小说,它有着好莱坞电影的夸张表现手法,有着戏剧化的冲突,同时它悲凉的结尾,也颇为迎合读者"小人物见证大历史"的阅读喜好。译者李红琴出色而流畅的译笔,亦给这个出色的故事增色不少。

在人们的通信大多开始依赖电子邮件的网络时代,阅读这本风趣幽默、凸显着文字之美的《邮差》,会有一种独特的感受。不知道在吹着腥湿海风、响着风铃和钟声、飞翔着海鸥的黑岛,还有没有一个叫赫梅内斯的邮差,摇着自行车的铃铛,把信送到聂鲁达故居的时候,他的心情是不是还像第一次敲门时那样,激动而忐忑。

(《新京报》2017 年 10 月 15 日)

寻找安静的萨冈

《我心犹同》是一本薄薄的小册子,可以卷在手里随时翻开阅读的那种。它的作者是萨冈,里面收集了13篇大概可以称之为随笔的文字。

我在摇晃着回家的地铁里阅读了这本书,读完大约用了不到一个小时的时间。它的确是一本适合于短途行走时阅读的书,因为无须阅读得那么细致。对于通过《你好,忧愁》而认识这位法国女作家的读者来说,这本书里的文字也许并没有让你全部读完的耐心。

跳跃的思维和行云流水般的文字，十分奇异地结合在一起，这样的文风同样体现在萨冈的随笔中。《我心犹同》中的第一篇描写法国演员艾娃·嘉德娜的文字，长不过2000字，却将一个"美丽优雅、名副其实又很奇特的小动物"形象地勾勒了出来。拥有萨冈这样的朋友是幸运的，艾娃·嘉德娜的高傲和神秘、美丽和孤独，在萨冈笔下滋生了比梦露和嘉宝还要吸引人的诱惑力。或者说，萨冈在这篇短文中貌似随意其实竭尽全力地为艾娃·嘉德娜画像，只是因为她们两个具备同样的精神气质。

酗酒、赛马、飙车、吸毒，承认爱一个男人只能持续"三或四年"，与法国前总统密特朗有着不同寻常的友谊并且曾将总统拒之门外……这是一个公众心目中所熟知的萨冈形象。她在文字中所体现出的叛逆、暴烈和激情，也被认为最能代表她个人的风格。

但这世界上还有一个不一样的萨冈，她隐藏在那个被希拉克称作"为我们国家女性地位的改善做出杰出贡献的作家"背后，她胆怯、忧伤、安静，完全是另一个萨冈的反面体。就个人阅读趣味而言，我无疑是喜欢后者的。于是，阅读《我心犹同》的过程，也成为寻找一个安静的萨冈的过程。

讲述萨冈内心激荡的篇章占了《我心犹同》大约一半的篇幅。在《慢悠悠的卡雅尔克小镇》中，萨冈播放幻灯片式地叙述了她4岁、6岁、8岁、10岁时的童年经历，每段描写只有两三句二三十个字，而且跳跃性地选择了以"两年"为一个单位来写。这种躲避和闪烁其词，也许正验证了她在文章开篇所作的解释，"谈论女作家的家乡是很危险的……作家们通常都会被自己童年的记忆感动得流泪，他们丧失了羞耻心和幽默感，容易把自己说成是孤僻的、敏感的、挑剔的、自闭的、暴力的、脆弱的，等等"。

但在这篇文章不可避免地谈到自己的童年时，萨冈还是和大多数作家一样，换上了柔软的面孔，沉浸到傍晚6点之后的夜色里，看那些偶尔躺在身边的狗，一辆外地牌照的汽车驶过马路，路灯开始亮了，蝙蝠开始不间断地滑翔……我们看到了比"那年夏天，我十七岁，无忧无虑，沉浸于幸福之中"更早的萨冈。

在《告别信》中看到的萨冈，是一个为爱情所伤的普通小女人，她的骄傲只存在于文末的一句承诺，"我再也不想见到你"，而在这句之前，则是对和一个男人认识时的回忆和表达对他的爱怜，这样的表达同样具有萨冈风格，"你们是那么傻。你们，男人，实在让人怜惜！"在《情书，麻烦的情书》中看到的萨冈，是一个站在局外人角度，用冷静又不乏悲悯的口吻，对乔治·桑与阿尔弗莱德·缪塞这对恋人之间的感情的解读。我最喜欢出现在《逃学的乐土》中的萨冈，在这篇短文里，她讲述了自己16岁时和一个50岁男人在塞纳河边相遇的故事，在固定的一段时间里，他们谈论写作、生活、爱情和家庭，她在他面前脸红，忘记上课时间，身不由己地来看他，把他当作"也许是我唯一的朋友"……这篇文章让我想到了台湾作家三毛。

萨冈的忧愁曾是青春的标志，她影响过整整一代人。但我相信，无论读没读过萨冈，现在的年轻少女都还有着萨冈式的忧愁和叛逆。她们的青春并没有因为时代的变迁而发生改变,她们的情怀仍然为诗歌和爱情所充满,所谓叛逆一面,不过是她们表现出来给这个世界看的样子,抑或是她们表达童年情感缺失的一种形式。

对于安静的萨冈的发现,也许有助于重新评价这位被定义为"特立独行"的作家。

(《文汇读书周报》2009年1月19日)

情爱的最美背景

一位以船为店售书为生的书商,在打开一纸尘封多年的信之后突然决定起航。书船在驶离塞纳河的最后一刻,一位售出 50 万册作品的畅销书作家冒着落水危险连滚带爬上了船——两个各怀心事的男人,展开了一段沿河而行的旅程。

旅程中,他们卖了一些书,冒了一些险,遇到一些人,但这无法更改他们对内心的追寻和对自我的追问。这就是德国作家妮娜·乔治的作品《小小巴黎书店》

所讲的故事。

书商的名字叫佩尔杜，作家的名字叫马克思。这两个人，内心都有道过不去的坎儿，佩尔杜感觉他被情人曼侬抛弃，而马克思则陷入成名之后无法定心写作的困扰，他们都急需离开巴黎——这个浪漫而舒适的环境，去制造一点儿困难，来激发沉睡的情感。

那封放置了21年的信，成为撬动这个故事的关键点——虽然作为读者来说，能这么长时间不打开热恋对象的最后一封信，带来了足够强烈的戏剧矛盾冲突，但多少都有些不可信。

而"不可信""夸张""一点点的矫情"……这些元素在《小小巴黎书店》中，恰恰又神奇地展现出其珍贵的一面。比如佩尔杜先生为离去的情人守身如玉20年，不禁让人想起《霍乱时期的爱情》中阿里萨对费尔米纳所说的谎言，但阿里萨的谎言对于费尔米纳来说，又何尝不是甜蜜的情话？

能让《小小巴黎书店》实现包括《美国独立书屋》《明镜周刊》在内数十个畅销榜大满贯成绩的主要原因，

恰恰是妮娜·乔治把一份不太可信的爱情，描述得无比传奇、忠贞、动人。

《小小巴黎书店》面世后已在33个国家出版，不难找到它受欢迎的原因。这个故事是以书为线索展开的，每一个小章节的标题页，都提示了将要展开情节中会出现什么样的书籍，这使得整个故事弥漫着文学气质，这气质在一定程度上对爱情起到了升华作用。

它还模糊了故事的时代背景，拒绝使用那些意味着"浅薄、速食、无趣"的工具，比如"电话、手机、电子邮件、脸书"等。在一个文化保守的氛围下，去讲一个惊涛骇浪的情欲故事，这制造了不错的反差效果。

最重要的是，《小小巴黎书店》刻画了一个非常理想化的情感模式：一种跃出婚姻之外，只求心灵交融的男女之爱，以及一种挣脱了世俗眼光束缚，最后实现和解的情敌之爱。这个故事用它的非同寻常之处，帮助一些有困惑的读者寻找到了慰藉之地，哪怕只是借书中的故事来纾解现实的块垒，但毕竟那艘沿着法国河流辗转一圈的书船，载着读者完成了一个无法完成的旅程，触碰到了一个不太可能实现的梦境边缘。

已经有了那么多经典的情爱故事叙说过爱的迷惑、爱的不公平以及爱的悲剧，但在此前，这些故事多是把重点放在女性的身上，比如《查泰莱夫人的情人》《包法利夫人》。《小小巴黎书店》颠倒了个儿，佩尔杜和马克思的身上，那些不多不少刚刚好的"怨男"气质，无疑会让无数女读者倾心……尤其是在爱情故事彻底进入女性消费主义时代之后，《小小巴黎书店》可以满足多数女性读者对于城市与旅行、爱情与情爱、传奇与浪漫等方面的想象——文学，在这本书里成为一个美好到无可挑剔的背景。

据说《小小巴黎书店》改编自真实的故事，如果这是真的，那么书商以"文学药剂师"的身份，在"水上文学药房"上，根据读者不同的"心灵病症"，开出适合的书单作为"药剂"，来帮助读者愈合心灵伤痕——这的确是一个非常棒的创意。

尽管每个人的阅读口味都是非常私人的事情，但要是有像佩尔杜这么一位观察力强、又体贴又霸道的"文学药剂师",准确地推荐好书目,恐怕读者还是乐意接受的。那么,《小小巴黎书店》这本书值不值得推荐?我个人的看法是,它的确是一本好读的、有故事的、文采也算斐然的作品,但读的时候不要较真,不要拿"经典"的标准来要求它。

书与书店,已经成为情怀主义者固守的堡垒之一,这几年与书有关的畅销小说层出不穷,在电子阅读和智能时代快速覆盖人群的时候,读书与书店的故事,并在书与书店中去寄托某些未竟的情感,缓解一下无法释怀的惆怅,也许是一代人最为便捷的寻找共鸣与安全感的方式了。

(《天津日报》2017年9月11日)

你无法不"失落"

阅读2006年英国布克奖获奖小说《继承失落的人》,需要有平静的心情和安静的环境,我几次试图在地铁上接着那些翻过的书页续读,但无法进行下去——《继承失落的人》就像一处野外湖泊漾开的波纹,想接近它的最美之处,必须要轻划着船儿过去。它还像一枚表层甜美的洋葱,一层层剥开,会发现最里面那层有让人欲流泪的辣。

写作《继承失落的人》,作者基兰·德赛历时七年,每次写作的时候,她都会将博尔赫斯的一首诗放在自己眼前。"我款款而行,有如来自远方而不存到达希望的人",是这首名字叫《宁静的自得》的诗的最后一句。我相信,是这首诗蕴藏的宁静和淡淡的忧伤,如一束圣洁的光在清洁着写作者心头的芜杂,这种安静被带进了书中的每一个字句,同样感染着正在阅读的人,让你无法不随着书中人物一起失落下去。

倒叙很容易令读者不耐烦,可《继承失落的人》恰恰选择的就是这种叙事方式。基兰·德赛的写作风格,根本不像一个印度70后,她的文笔从容而沉稳,宛若老手。故事一开始,描述了居住在喜马拉雅山脚下的一家人,退休的法官、他的外孙女赛伊和一个胆小善良的厨子,他们被一伙不请而来的男孩抢劫了。这个发生在薄雾中的案件,如一个线头一样,把整个故事有条不紊地牵了出来。

想从《继承失落的人》中获得阅读乐趣并不简单,基兰·德赛好像成心和那些只想翻翻此书便扔到一边的人过不去——如果不是连贯阅读,你根本搞不清她说的故事由何而起,到哪儿结束,可对于真诚的读者,基兰·德赛给予了充分的回报,她收起了老手那种令人反感的成熟和老练,显现出一个女性的轻盈和细腻。她如同讲述身边故事,并不时加以评析,时不时地灵感迸发,使用几个令人忍俊不禁的比喻。

一边是赛伊和法官在雪山脚下贫困的生活,一边是厨子的儿子比居在美国的打工生活,《继承失落的人》中这两条主线交错出现。每逢此时,很多文艺作品通常会用反差手法进行对比,但基兰·德赛没有这么做,在她看来,同一时期的美国和印度并没有什么区别,纽约也和她笔下的角色所在地噶伦堡小镇一样,肮脏,混乱,贪婪,每个挣扎于社会底层的人,脑海中时刻充斥着赚钱、生存和出人头地⋯⋯

而小说最后,比居的儿子"美国梦"破灭,回到印度后又被强盗洗劫一空,才点明了《继承失落的人》的主题:根深蒂固的文化差异和经济的不平等,是一条永远填不平的沟壑。无论哪种文明,最终都要回归本土,来接受先辈留下的精神遗产,哪怕这遗产中包含着贫穷和落后。这是任何一个国家或民族都无法逃脱的宿命。

写到这里,似乎更理解基兰·德赛在写作时为什么要将博尔赫斯的那首诗放在面前。因为她是不平静的,这位年轻女作家,有一半的时间是在海外度过的,"我清晰地了解走在连接东西方之间的小道上的那些情绪,那种黑暗,以及那份担忧和恐惧"。平静安抚了她的内心,阅读《继承失落的人》,能感受到她对节奏和情绪的掌控,理智得让人惊讶。

在书中,作者并没有申诉和指控,哪怕是稍露锋芒的批评都很少有,我看到的只是一个作者对芸芸众生的悲悯之情,以及看待问题时的宽容心态。在这一点上,《继承失落的人》和《追风筝的人》是相同的。原谅和宽恕,隐忍与和解,也正在成为越来越多畅销书和获奖电影作品极力想表现的内容,想到这儿,会觉得这个世界很美好。

(《京华时报》2009年2月1日)

愿望中的城市没有悲伤

诺贝尔获奖作家帕慕克在他的散文集《伊斯坦布尔》中使用了一个词——"呼愁",用以传达他对这座城市的眷顾、怀恋与哀怨。在阅读加拿大作家阿诺什·艾拉尼的《没有悲伤的城市》的时候,常想起帕慕克的《伊斯坦布尔》——两本书弥漫的情绪有些相像,只不过,帕慕克流露的是对一个古老城市垂死的文明的愁绪,阿诺什·艾拉尼流露的是对生活在现代城市底层人民的悲悯。

没有悲伤的城市,只能是愿望中的城市,阿诺什·艾拉尼在书中借用一个10岁孩子的视觉,大概也意在用孩子童话般的想象来映衬现实的残酷。这个10岁的孩子名叫祥弟,是孤儿院收养的孤儿,在孤儿院要被拆掉之前,他逃到了街头,成为一名乞讨儿童。在他的想象里,城市是一个打开盖的饼干罐,善良的人们会容许他取出一些食物温暖自己被自来水允满的胃,城市夜晚的星空,星星会自动排列出遗弃他的父亲的名字……

这又是一个以梦想与寻找为主题的故事,祥弟对父亲的寻找,也是一种喻示,那同时也是对迷失于现代文明中的责任、伦理道德、社会之爱的寻找。在祥弟看来,父亲是一个空洞、虚幻的名字,父亲只留给他一条带有三滴血迹斑点的白布。祥弟将这条白布当作生命中最重要的东西每天围在脖子上,因为它意味着希望,希望父亲归来,希望城市在一夜之后变得温暖,每个人脸上都被和煦的阳光照耀。

但事实表明,能给祥弟带来安慰的,只有他在街头结识的流浪孩子，一个教会他生存的男孩桑迪，一个带给他心灵慰藉的女孩古蒂，包括那个掌管这些孩子乞讨收入和命运的黑社会老大阿南德·拜依，祥弟也对他寄予了不少希望。《没有悲伤的城市》通过对这样底层群体的描绘，将读者带入了一个充满感动和深思的故事。小说有一个含蓄但很光明的结尾，祥弟在阳光海滩上将手放到了古蒂的手心，那是否意味着一个爱情故事的开始？而爱情，恰好是抵御悲伤的最好的东西。

《没有悲伤的城市》在结构上与获得今年（2009年）奥斯卡多项大奖的电影《贫民窟的百万富翁》有很多相似之处：故事发生的地点都在孟买，都是以种族冲突为背景，人物上都是以两个相依为命的男孩和一个善良的女孩为主，一样有一个黑社会老大。但与电影充满了娱乐性不同的是，小说是一本文学性较强的作品，《没有悲伤的城市》没有强烈的戏剧冲突，很多时候它都是一个小男孩的自言自语，让读者很容易顺着他的视线，去发现城市最容易被忽略的地方。

有必要说一下的是,《没有悲伤的城市》的作者就出生、成长于孟买,移民加拿大并没有让他忘记自己曾经身处的那个城市。在这一点上,阿诺什·艾拉尼和卡勒德·胡赛尼一样——后者以《追风筝的人》风靡全世界,他们通过自己的小说,将更多的目光聚集到发展中国家和贫穷国家的底层人民生活,在地球村概念和数字化生活风靡全世界的时候,让那些着迷于奢侈品牌和为选择去哪家高级餐厅就餐的人们知道,在一些地方、一些城市,那里有他们所不了解的困难、疾苦和无奈,也有一些逐渐为人们感到陌生的对生活所体现出来的勇敢姿态。

(《新京报》2009 年 12 月 2 日)

与心兽同呼吸

对于小说,我一直喜欢读那种具有优美内在节律的作品,喜欢小说里的人物对话和形象描写,包括栩栩如生的心理刻画。所以,在读赫塔·米勒的小说的时候,我要硬着头皮进行下去,因为她的小说语言无法与我的阅读审美同频,而促使我读下去的动力在于,她的亲身经历与小说题材很容易引起中国读者的情感共鸣。

"父亲一大早就起来,他爱躺在草地上。躺着看迎来白天的红云。由于清晨跟夜一样寒冷,红云只好将天撕开。白天在上面的天边显现，孤独便潜入下面草地上父亲的脑中。孤独将父亲迅速赶到一个女人温暖的肌肤旁边。他取着暖。他造了坟墓，又很快给女人造了一个孩子。"这是米勒代表作品《心兽》中的段落，短短几个句子，搭造了一个开阔的意境空间，喜欢诗歌的读者会从里面得到快意和慰藉。

赫塔·米勒获得诺贝尔文学奖的理由是，她的作品"兼具诗歌的凝练和散文的率直，描写了一无所有、无所寄托者的境况"。后有人认为，诺贝尔奖颁奖词中的"一无所有、无所寄托者"翻译成"被驱逐者、被剥夺者"更为合适些。于是，读赫塔·米勒的过程固然艰深、生涩，但却也有寻找甘霖的耐心，期望用她内心的伤，来治疗我们灵魂的伤，让米勒的书焕发出超越文学作品本身的光辉。

《心兽》的中文简介颇为通俗：年轻女孩萝拉离开了贫穷偏僻的小村庄，去大城市上大学，和五个女孩住在拥挤简陋的宿舍里。为了逃避灰暗现实，她随意与各种男人发生关系，有工人，有体育老师。但是，她最终没能逃出她的生活,某一天她被发现自尽于宿舍……请不要带有任何窥探心理去阅读这本书,因为那样将会遭遇冰冷的思想之墙。米勒用她散发着死亡气息的笔,记录着一段历史的桎梏与暴力,读来令人心冷。

米勒说过,"我不信任语言……"她这么说的背景是,作为一名德国女作家,她深知纳粹对于德语的伤害,这种后遗症,让她的写作接近成为一种自我惩罚,从米勒的作品里,读不到什么暴力语言,但也感觉不到那种抒情的柔美。米勒在向读者叙说着一个被驱逐者和被剥夺者内心的苍凉与孤独。

《心兽》的德文意思即为"内心的野兽",如何让内心的野兽安静下来,或者与内心的野兽和平相处,成为米勒借以分析人的精神状态的载体。在米勒看来,柔弱无助的女大学生,被招作警卫的农民盲流,屠宰场里饥饿的工人……他们都生存在一个充满攻击的环境当中,随时都会沦为暴力的工具,人性成为廉价品,被随意转让或践踏。

"心兽"容易令中国读者联想到佛教中的一个

词——"心魔"。在大量中国文艺作品中,"心魔"是一切奇怪叛逆行为的始发点,而作为俗人,只有战胜"心魔",才是获得终极幸福的唯一通道。如今"心魔"盛行,读读《心兽》,或会学会让内心安静下来,与心兽共同呼吸,给它以喘息的空间和氧气,避免在人人癔症的时代为兽所伤。

(《文汇读书周报》2010年12月20日)

偶遇的陷阱

作为一本首次出版于2002年的长篇小说,《偶遇者》还未经历太长时间的考验,因此暂时还无法将它列入经典小说的行列,哪怕它的作者纳丁·戈迪默是一位诺贝尔文学奖获得者。这本书的中文简体译本,在2015年于中国内地出版,它是一本很好地了解戈迪默写作风格的作品。读这本书的第一感觉是,竟然还会有诺贝尔文学奖获得者会以如此亲民的方式进行写作。

对应华语作家,能想到的风格与戈迪默最接近的是严歌苓。她们都青睐故事的传奇性质,她们笔下的女主角,都有独到的个性——比如勇敢、独立,而且身上多散发温润的女性光辉。就连笔下那种跳跃的、灵动的幽默感,戈迪默与严歌苓也是相似的,藏有独特的、细腻的女性智慧。优美的行文打破了翻译小说的阅读障碍,这使得读《偶遇者》有了读一本通俗小说的阅读快感。

《偶遇者》从一场街头邂逅开始写起。一个名叫朱莉的南非富家千金,老旧的汽车在街上抛了锚,她先是若无其事地去咖啡馆和朋友们打了招呼,后听从朋友的建议,去找修车工,于是和一个与她肤色不同、来自穆斯林世界的小伙子阿布杜认识了。多少受身体里叛逆血液的影响,朱莉爱上了阿布杜,并跟随阿布杜来到了他的国家。在阿布杜身上,她找到了爱情的寄托,但《偶遇者》显然不是一本纯粹的爱情小说,"爱情"是戈迪默讲故事的一个道具,显而易见,作者想要讲的东西有许多,包含但不限于情感认同、文化差异、贫富差距、种族偏见。

英国《泰晤士报》这样评价这本小说,"炉火纯青。在戈迪默的沉峻语调和情感内涵面前,大多数现代小说顿显黯然失色"。说戈迪默的语调沉峻,这是一个误读,前面已经说过,戈迪默的语言是跳跃的、灵动的。从她撰写这本小说所呈现的思维方式,可以看到作者的心态介于成熟女性和任性少女之间,这决定了《偶遇者》不是一本沉重的书,哪怕它的主题是苦涩的,但戈迪默决心不让读者受罪,她用甜美的糖衣把故事的苦涩内核精心地包装了起来。让"大多数现代小说顿显黯然失色"的,是戈迪默的表达方式,她没有受累于自己的名声,没有端起诺贝尔文学奖获得者的架子,写作者的心绪在字里行间自由流动,会让读者在不知不觉中爱上藏于故事背后的写作者。

小说令人印象深刻并且稍有讶异的是,戈迪默描写出了南非富人阶层乃至中产阶层的群像。具体地说来,南非富人阶层与政治的亲密,对待金钱的势利态度,乃至专属于这个群体的傲慢与偏见,戈迪默虽着墨不多,但却把他们描写得淋漓尽致。朱莉的父亲,是富人阶层的代表，而朱莉对父亲的反抗，折射出对底层人的善意与关怀。朱莉选择底层的方式生活，甚至不惜以决绝的姿态嫁给底层人，是小说意味深长的一种设计。戈迪默作品中一贯可见的平等意识，在《偶遇者》当中也得到了充分的体现。

《偶遇者》对于南非中产阶层的描写也很有意思，一家小小的咖啡馆聚集了南非中产阶层的代表人物：他们在这里打发时间，友好地为身边的朋友提供某种生活建议；他们彬彬有礼，对令人惊讶的消息保持绅士般的客气与冷静，却也难免在某个时候发出调侃的声音；他们对婚姻与爱情抱有冷淡的态度，刻意用冷静的生活方式来掩饰生活背后的混乱与不堪……出没于这个群体中的朱莉，只是中产阶层的"寄居者"，是她走向底层的一个过渡，朱莉在与她的朋友们告别时并无留恋之情。

朱莉对她的中产阶层朋友们的态度，相当于戈迪默对南非中产阶层的态度，可以感受到，戈迪默对她祖国的这个阶层的人是如何看待的。戈迪默保持着十分自然的克制态度，不赞扬，不批评，她试图让笔下的人物有点儿油嘴滑舌，可一旦发觉笔头用力，就会悄无声息地缩回来。戈迪默面对的仿佛是一群栩栩如生的蜡像，她尽力不去写这群蜡像有没有血肉与情感，只是去刻画他们的样子。从美国到南非，从南非到中国，全世界的中产阶层，仿佛都能从《偶遇者》所刻画的群体身上找到熟悉的影子。

朱莉与阿布杜一点儿也不轰轰烈烈，他们走到一起，看上去更多是因为异性之间的吸引，或者再加上一点儿异国情调的吸引。追随阿布杜离开南非，是朱莉长大以后所做的最具理想主义的一件事，而长期的婚姻生活，没能让他们更加身心交融，反而渐行渐远，也仿佛在验证一个看不见摸不着却事实存在的真理——人们因为了解而分开。于是，《偶遇者》的笔调愈是轻松有趣，作品里人物的悲剧性就愈加凸显。这样的悲剧性不仅存在于被创作出来的小说当中，更是我们日常生活所常见的。这也是《偶遇者》这本小说的价值所在，它不仅负责提供一个故事，也给读者提供一个思考路径。

人们因为一场偶遇而改变人生方向,让命运变得难以捉摸。但最终你还是你,我还是我,我们都逃不脱童年、家庭、文化、祖国等编织而成的"陷阱",还有什么比这种认知更让人无奈、叹息的吗?

(《桂林日报》2016年1月18日)

迷失的女孩

这本书原名《钢琴教师》，也许是考虑到文艺作品中带有"钢琴"或者"教师"的经典之作太多了，被翻译到中国后有了这样一个名字——《情人1942》。但无数经典作品中，带"情人"二字的又何尝少？如果说特别，它的特别之处就在于1942这个年份了。在很多葡萄酒喜欢标注上久远的年份以显示其醇香时，1942对于本书而言，却代表着被日军占领处于沦陷时期的香港，以及一段生于乱世的纷乱爱情。

阅读《情人1942》之前，要注意到两个细节，一是要注意每一章开头前所标注的日期，否则对于习惯行云流水阅读的读者而言，很容易被绕晕——小说讲的是时差10年的两段爱情故事，主人公又互有交错，不注意这点的话，会产生时空错乱感；二是要注意书中出现的香港人，多用的是英文名，阅读的时候要甄别一下，否则会认为这是一堆外国人在香港声色犬马，没中国人什么事儿。

在解除了这两个障碍之后，《情人1942》会迅速地将读者带进阅读情境中去。和大多数以"情人"为题材的小说相同，《情人1942》的女主人公克莱尔美丽、优雅、有小资情结，追求精致生活，偶尔抽点烟喝点酒，恰到好处的颓废气质很容易令男人着迷。但克莱尔有一个最大的与众不同之处——她是个小偷。

这个有气质的家庭钢琴教师，喜欢在下课时顺手带走雇主家的一两件精美物什。28岁生日这天，她打开了包里"收集"到的"战利品"，项链、戒指、丝巾、小饰品、香水……差不多有三十多种，再多一些估计能开一家饰品店了。

小说以克莱尔偷窃一尊放在钢琴上的昂贵小雕塑为开头,在一开始便为读者制造了紧张、刺激的阅读体验。但克莱尔并不让人反感,作者将她的外貌描绘得很美并不是唯一缘故,主要还是通过阅读小说,能细腻地感受到这样一个带着点虚荣的小女人的心思。

必须要提一下这本书作者的名字,李允卿,她完全在我面前打开了一个女性丰富、敏感的内心世界。克莱尔不见得能超越以往经典爱情小说中的女性形象,但在细节描述方面,李允卿的确开创了属于她个人的风格,对男性读者而言,阅读本书会有很多匪夷所思又如有所悟的发现。

为了逃离家庭,克莱尔答应和后来成为她丈夫的马丁约会,但她并不喜欢动作缓慢、像头牛一样的马丁,"他第一次吻她的时候,她不得不拼命压制自己想擦嘴的冲动"。原来女人和不喜欢的男人接吻,会想擦嘴,这样的描写让人忍俊不禁,同时也忍不住去探寻答案,女人在和不喜欢的男人结婚后会有怎么样的表现?

结果正如书中所写的那样，克莱尔爱上了那个沉默寡言、傲慢霸道的家伙威尔，克莱尔成了威尔的情人。小说这时候展开了它的魅力，一个陷于爱情中的女人，她的矛盾、敏感、陶醉、踌躇等，全部呈现于作者笔下，那些散发着欲望气息的文字，真实、唯美。

这本书可以改一个名字，比如《女孩克莱尔》之类。写到这里我才发现，自己忽略了书中的另一主人公，一个身处上流社会的中国姑娘特露迪，以及其他配角们。作者是以克莱尔的感受和视角进行写作的，她的全部心血用在了塑造这个女孩一样的成年女人身上。

她偷窃物品是一个隐喻，在为她后来偷窃感情作铺垫，这些都在映照着她内心的缺失——没有安全感，需要物质带来的充盈感，需要爱情带来的被占有感，需要疼与痛来证实自己的存在感。克莱尔像那个打开糖果盒子的孩子，可她并不贪婪，只是面对内心的迷失无能为力。

作为时代背景，1942并没有为这部小说增添多少历史事件与个人命运发生碰撞后引发的思考，它还是一部放之任何年代皆准的描写人性的小说，接近古典主义的文笔，简洁、自然、精确。译者张小意本身也是位女性作家，写作风格同样洗练、犀利，抛掉小说自身的缺陷，张小意算是用中文将一部以细腻为特点的英文小说良好地呈现了出来。

近年国内出版了大量国外畅销类型小说，但它们中的大多数难以吸引我，原因是它们没有解决语言问题。这类小说通常情节设计精巧，逻辑严密，可由于缺乏丰润形象的语言通道，"有骨无肉"，失去了不少阅读趣味。

（《中国青年报》2012年9月5日）

你和他们不一样

每部被奥普拉在脱口秀节目中推荐过的书,销量都会一夜之间暴增,《就说你和他们一样》也是如此。它是出生于尼日利亚的乌文·阿克潘撰写的小说集,奥普拉对它的评语是:"我从未选过这样一本书,每个故事都让我心痛得无法呼吸!"

《就说你和他们一样》是这样一本书:它打开了了解非洲的一扇隐秘之门,这扇门藏在由壮观景物、迷人风情以及乐观向上精神组成的非洲面孔背后,真切地触碰到了这片"阳光灼热之地"阴凉和悲伤的一面。它通过沉静、克制的语言叙述着一个个故事,散发着真实的痛楚,牵动读者在同情和无助感的情绪包围下,去重新认识非洲。

众所周知,2010年世界杯足球赛将在南非举行,毫无疑问,如同盛大节日般的比赛,将会成为展示国家和地区美好形象的载体,给世人留下深刻印象,但我们通过电视转播包括旅游杂志看到的非洲,只是那个地理上、政治上或经济上的非洲,对于非洲的历史,各个时期非洲人的生存状态,我们又能真正了解多少呢?

《就说你和他们一样》借助文学的亲和力和感染力,展开了一幅事关非洲的心灵地图。在文学性上,这本书展示了作者直接和通透的文字灵性,"四周一片漆黑,风吹散覆盖在天际宛如毛毯一般的乌云。弟弟把玩着发光的十字架,咿咿呀呀地唤着妈妈的名字"。这是书中《双亲的卧房》里的一段描述,画面感中融合着淡然却温暖的情感,很容易引起读者的共鸣。

《就说你和他们一样》在表达主旨上非常鲜明，那就是帮助读者进入非洲儿童充满苦难和离乱的世界，但作者的书写，并非是用"导游"的语言，在读者进入故事之后，作者便消失了，或者说成为了故事中的人物之一，于是，阅读的过程便成了目睹电影导演伊斯特伍德所推崇的"让事情发生"的过程，无论是目睹卢旺达种族大屠杀的小女孩，被叔叔卖给奴隶贩子的一对兄妹，还是因为宗教信仰不同而反目的儿时玩伴……当孩童纯真的世界面对成人间的矛盾与冲突，其呈现出来的脆弱与惊恐令人心痛。

作者乌文·阿克潘是一名耶稣会神父，教过书，帮助过麻风病患者，当过古典音乐DJ，曾在坦桑尼亚辅导街头少年。走遍半个地球的他，在写作上呈现出很开阔的视野，他的行文中，看不到任何抱怨的语气，哪怕描写再混乱、再骇人的场景，他也会坚持用一个孩子的视角进行白描式的叙述。阅读本书，脑海中时常会出现一个非洲孩子睁大眼睛的画面，我们可以看到他眼神里的好奇与不安，而读过这本书之后，却能够清晰地感受到他内心的坚韧与隐忍。

"就说你和他们一样",是母亲的临终嘱咐,她告诫女儿在任何人问起女儿的身份时,都要说这句话,以避免遭受屠杀。一句话可以保一条命,足以让这句话背后的残忍与暴力暴露无遗。台湾在出版这本书的繁体版时,记得有人写过这样的推荐语:"每个具有全球视野和悲悯情怀的人都应该读这本书。"读这本书,不是为了在处在某种语境或者面临某种危险时,也说"我和你们一样",而是在内心坚定这样一个信念:如果"你们"是屠杀、管制、胁迫、暴力的代名词的话,那么,希望有勇气和信念支撑我们说出"我和你们不一样"的观点与话语。

(《北京日报》2010年7月11日)

十年黑暗与七天光明

《第八日的蝉》有一个先入为主的命题。书的封底上有这样一行字："蝉在土中七年，破土而出后却只能活七天"。来自多方的信息均表明，蝉的生长周期通常在13年到17年，不过大多数时间都在地下穴居蛰伏，能在阳光下、绿荫中鸣唱的天数非常短暂。10多年的黑暗与7天的光明，形成了极具冲击力的对比，同样，用活到第八日的蝉来形容人生与情感的意外，也无形中为故事主题平添了意境深远的悲凉意味。

《第八日的蝉》故事非常简单,写希和子与秋山的婚外恋,并没有多少可以说道之处。可能会被描写得荡气回肠的那种情感,在此书中只占了极少一部分。这个故事新奇的地方在于,希和子偷偷潜入了秋山的家,本来只打算看一眼秋山的女婴长什么样子,但女婴天使一样的眼神令她心生杂念,把这个不属于她的孩子偷窃了出去,并开始了一段永无止境的逃亡生涯。

据说女人爱极一个男人,会产生为他生一个孩子的强烈愿望。《第八日的蝉》没写希和子对秋山有多爱,但从秋山哄骗她堕胎这件事看,八成是一个男欢女爱成分多、真情实感成分少的孽缘。秋山夺走了希和子的孩子,所以希和子也要夺走秋山的孩子。从希和子与那个名叫薰的女婴之间温情的"母女情感",可以分明看出,这个貌似亲情小说的作品,其实是部令人惊悚的复仇小说。小说最后,希和子被捕,因"我无法断言自己有没有故意踢倒暖炉"而被法院判处有期徒刑8年。这意味着,在希和子因为喜欢孩子而将女婴抱走这个说辞的背后,还有着另一种可能:为了永远占有这个孩子,她踢倒暖炉焚烧了秋山的家,造成孩子葬身火海的假象。

从带着孩子走上逃亡路的那一刻开始,女性身上天生的母性,让希和子和薰在不归路上结成了一对相依为命的"母女"。居无定所,内心仓皇,终日在胆怯和恐惧中过活,这一切都如那只活到第八日的蝉一样,感到的是孤独和悲哀,却也能够尝到拥有崭新风景的喜悦。薰用甜美的微笑和温柔的小手抚平了希和子的创伤,她扮演了一个救赎者的角色,只是她救赎的对象却是一个剥夺自己与亲生父母生活在一起的权利的人,薰才是这段情感纠葛的最大牺牲品。

《第八日的蝉》更适合女性读者阅读,这本书遮掩了人性灰暗的部分,尽量写得温暖而明亮。它塑造的希和子,有着日本女性的鲜明特点,但不局限于此,希和子的忏悔和认罪,以及一个充满寓意的结尾,表明了这还是一本为爱而写的书。对母性细致入微的描写,对婴儿惟妙惟肖的刻画,是引起读者共鸣的主要元素。此外,本书对日本的社会生态和人情世故也有不少着墨，亦是一个可以了解日本底层百姓生存状况的窗口。

(《京华时报》2009年11月13日)

不要相信结局

美国的电影和类型小说在全球范围内都很受欢迎,电影如《变形金刚》《哈利·波特》,小说如《达芬奇密码》《追风筝的人》等。美国电影和图书要么在消费主义的控制下极尽所能地制造场面,要么走悲悯路线,讲述全球背景下的文化碰撞与种族冲突。但有一点,美国当代爱情小说,在境外很难取得大的成就,虽偶有畅销书输出,但也仅限于一阵风的流行。

新近出版的《最后一次说爱你》是美国作家凯文·艾

伦·米尔尼所著的爱情小说，书名翻译得颇符合中国读者的口味，通俗易懂，煽情且克制，与国内新生代言情派实现了接轨。这本书的结构也颇符合好莱坞电影的叙事风格，在引子里先是刻画了激烈的情感冲撞，若有若无地给读者勾勒出故事框架，然后开始了《百年孤独》式"许多年之后"的回忆，这样的写作方式固然老套，但在吸引读者方面却是百试不爽的。

主题曲获得过 2008 年奥斯卡最佳原创音乐奖的电影《曾经》（*Once*），是一部被音乐、爱情充斥的作品，《最后一次说爱你》在故事性质和文字风格上，堪称《曾经》的翻版。伊森来到了维也纳求学，带着爷爷送他的吉他，在一次讨要生活费被拒之后，他听从爷爷的建议，开始在街头演奏乐曲赚钱，在街头他认识了安娜，安娜给他一封手写的留言，他们开始了爱情之旅……

这是一部尽可能往里面装满浪漫情节的小说，维也纳、音乐、爱情、邂逅、年轻人……再蹩脚的作家，也能用这些元素写出一部让人微笑的小说。对于伊森和安娜而言，他们贫困、快乐、得过且过，人生与理想不过是未来虚幻的场景,除了爱情他们一无所有。但对乐于在文字中幻想的读者而言,这样的人物恰能打动他们的内心,因为无论什么时候,人们总会对纯粹的爱情抱有欣赏之心,甚至会为一无所有的爱情感到莫名的悲壮和感动。

小说家自然不会放过在最悲情时再催一把泪,经典小说也好,当代作品也好,从来都是只恨对悲剧的想象力不能再上层楼。而爱情最常见的悲剧结尾是"死亡",《最后一次说爱你》也选择了用这个方式煽情,与这种紧张的结果所对称的是,作者在描述爱情之唯美时所使用的舒缓笔调。所以,心性乐观的读者不必理会这部小说的结尾,如果这样的故事在现实中存在的话,那么十有八九故事主人公会顺利结婚生子并遭遇中年危机,只不过,那样就会是另一种风格的婚姻小说了。

有项调查显示,在美国的畅销书排行榜上,女性小说或爱情小说的比例在逐渐萎缩,与之相对应的是,美国的离婚率愈加攀高,"不相信爱情"成为爱情小说不畅销的潜在诱因。由于离异女性仍然是爱情小说的消费主体，所以爱情小说仍有一定市场，但受欢迎的小说，多以悲剧收尾，"相信爱情美好，但不相信结局同样美好"，成为读者的普遍心理。因此，爱情小说作家常会屈服于这种心理，连"美国版琼瑶"斯帕克思都称"爱情小说是最难写好的"。

国内的爱情小说目前还处在穿越的阶段，热火得不能自持，在这种阅读环境下，国外言情小说引进后水土不服也在情理之中。在脆弱与孤独在现代人内心弥漫的时代，谋杀、盗墓、推理、惊悚等类型小说的流行是正常的，爱情小说似乎只有那些不食人间烟火的读者才会喜欢看。

（《新闻晨报》2011年11月16日）

刘心武的窗外飘着什么?

刘心武出版了被誉为其"20年来首部现实主义长篇小说"的《飘窗》,这部小说很容易令读者想起余华去年出版的现实主义力作《第七天》。两部小说的共同之处是将视线投向了底层人的生活与命运,在素材选择方面都紧跟热点,不同之处是刘心武对社会新闻的处理方式仍然保持了文学与现实的必要距离。

作为书名,"飘窗"是一个用意明显的意象,主人公薛去疾常透过自家的飘窗,去观察城市街道两旁的百姓生活景象，"飘窗"在故事中起到了阻隔作用——维持了薛去疾作为知识分子的尊严与矜持，同时，"飘窗"在故事中更像一台液晶电视，这台"电视"播出的内容，世俗、沉重，有真实有虚假，有实意有虚情，它比电视剧精彩，精彩到令人惊惧。

在这部握在手里并不算厚重的小说中，竟然有近100个人物出场，这不由得让人想到，作为在《红楼梦》研究领域的专家刘心武，在写作《飘窗》时使用了《红楼梦》的笔法，人物虽多，但关系并不复杂，如同书中将"飘窗"外的市井世界描述为"清明上河图"一样，一眼即可看清楚，只是，这幅现代"清明上河图"里，看到的繁华与热闹都是表象，内里尽是悲凉与伤感。

"通过六个人可以结识世界上任何人"，这个说法被形容为六度空间理论，《飘窗》中的诸多人物关系，就可以用六度空间理论形容。在这个六度空间里，薛去疾是中间人，向上，他衔接的是政协委员、文学界大人物、高官子女等；向下，他认识的人又包括歌厅小姐、水果摊贩、小区电工、保安等。在书中，作者使用了"社会填充物"的说法,来形容各个阶层中间那些无足轻重的人,按照书中人物的说法,没了"社会填充物",达官显贵们也就没了什么优越感。这样的形容,既真实又犀利,有一语道破的畅快感,但琢磨起来也颇令人胸闷。

套用电影常用的一个术语,《飘窗》写的是"群戏",除了薛去疾是绝对的男一号(他同时也担任了故事导游这个角色),其他的一二十位配角的情节篇幅大致相同,这些角色将人们于市井之间所能见到的人物一网打尽,剩余的那些"客串角色"随时保持出场的状态,只待作者一声召唤,便站立于文字当中,向读者讲述他们的故事,这些故事,每个人都耳熟能详。

讲述社会百态、人生百味是《飘窗》的"主旋律",但能给读者带来震撼感的,却是作者对知识分子命运的描写,薛去疾有着知识分子的骄傲与清高,也有着知识分子的妥协与胆小,他以俯视的眼光打量着一切,但却尽力保持着知识分子式的本真与善良。他与黑社会头目的保镖庞奇的"忘年交"故事,曾是整部小说里最温暖的部分，但结局之令人意外，可以视为刘心武对知识分子命运的一种反思。

知识分子的窗外究竟飘着什么？《飘窗》给出的答案是，窗外的社会充满着交易与潜规则，窗外的空气游荡着弱肉强食的气息，窗外的人们如同被操纵的木偶，每个人都被按在原地，被一双无形之手驱赶着，疲于奔命……那么，窗内的知识分子就能躲得开窗外的纷扰吗？故事的结局是明显的：不能。

《飘窗》中的知识分子之死，是死于尊严的丧失，死于大环境的压迫，而庞奇由一个良心未泯的保镖，一个有爱情、有未来的青年，变成了一个杀人犯，则是因为内心那份期望的泯灭。在庞奇看来，薛去疾有着完美形象，不但是他的人生导师，也是他的精神支撑，他庞奇可以自恃贱命一条，但薛去疾却不可以丧失人格。书中悲剧有无数种，但薛去疾与庞奇的悲剧却如同《拍案惊奇》，它突兀又耐人寻味，它令人怀疑其合理程度，又不得不承认，如果失去这个情节，《飘窗》也会失去其最厚重的分量。

久离长篇小说创作的刘心武，小说语言依然娴熟，对新兴事物的了解以及对新鲜词汇的运用，也让《飘窗》散发着蒸腾的时代气息，只是，可能限于篇幅原因，诸多角色没能展开描写，读起来有走马观花之嫌，人物转场速度过快，也需要读者读慢一些，以便能记住人名。

叶兆言在一次访谈中说，作家写不好当下是无能。但通过《飘窗》，还是可以看到，作家是能够写好当下的。《飘窗》是反映当下的一部现实主义力作，它的创作姿态要超过故事本身，它埋藏于故事里的审视，更是体现出一位作家的清醒。

（《京华时报》2014 年 7 月 1 日）

毕飞宇的心灵推手

回到老家县城,无意中发现空荡荡的非商业街道两边多了很多中医按摩和盲人推拿店,当时心头有这样一个念头一掠而过:究竟有多少疼痛需要消弭?那些疼痛是来自身体还是心灵?这个疑问在阅读毕飞宇的《推拿》时,隐约找到了答案。

在阅读《推拿》之前有一种隐忧,盲人推拿师这一个特殊的、被人遗忘的甚至是渺小的群体,他们中间怎么会有精彩的故事?很快,我为自己的狭隘和偏颇而感到羞愧起来,在作家细致的笔触之下,这些盲人按摩师的世界如同木版上浮现的雕刻画,清晰而鲜明地浮现出来。

《推拿》的故事结构简单明了,人物循序出场,王大夫,沙复明,小马,都红,小孔,金嫣,泰来……毕飞宇不偏不倚地对他们以每人一章的篇幅予以了塑造。在按摩诊所这个背景下,他们是主角,那些被迎来送往的客人,无论贫富贵贱,通通只是配角。于是,在阅读体验中产生了奇异的变化,身为读者,我第一次感到自己被推身于事外,那些书中人物,才是这个世界真正的主导者。

难忍心中疼痛。王大夫在和小孔完成各自第一次甜蜜的初吻时,内心有一种陷落感。"眼睛所见"是罪恶的起源之一,也许这个时候,作为一个可以看见光明的正常人,我开始羡慕盲人按摩师内心可能存在的纯真,因为他们看不到光明中那些腐烂的事物。

王大夫因为小孔和小马之间的暧昧关系而感到痛苦,小马因为"嫂子"身上的芳香而萌动欲望,认为一个人就足以面对世界的沙复明,把恋爱谈得"哗啦啦"响的金嫣和泰来,容貌漂亮得令电视剧导演都叹息连连的都红……我承认毕飞宇掌握了写作中最具诱惑力的技巧,因为在读到发生在这些人物身上的每一个细节,甚至每一句对话的时候,"命运"这个词语总会像灯罩之上的阴影一样,虽然无碍行动,但它总是在那里。

进入《推拿》的故事,既看不到黑暗,也看不到闪电,我感受到的,是印度伟大的灵性导师克里希那穆提所描述的那个澄明而纯净的世界。我感受到王大夫或者沙复明的那一双手在我身上抚摩而过,只不过,他们抚摩的不是我的脊背,而是我的内心。他们那一双双微烫的手,正在一点点掠掉那日积月累也许早就令人麻木不觉的心灵积垢,只剩下感激和宽恕。

(《文汇读书周报》2008年11月2日)

听张翎讲述美

《劳燕》故事的女主角有三个名字,分别叫姚归燕、斯塔拉、温德。这三个名字分别对应三个男人,以时间点出现的前后看,分别是中国士兵刘兆虎、美国牧师比利、美国军人伊恩。

作家张翎为她的这部小说寻找了一个在电影里被称为"多机位"的表达方式,分别用镜头对准三个男人,让他们向读者诉说。作为弥补,一条名为"幽灵"的军犬和一条名为"蜜莉"的中国犬也加入了叙事的队列。

他们以及它们所讲述的对象,都是这位有三个名字的女人。书里对她称呼最多的名字,叫阿燕。

开篇时读者需要经过一点点时间的考验,因为这个故事不但"多机位",而且镜头语言还是"肩抗式"的纪录片拍法——为了制造这部小说的戏剧结构,张翎放弃了它在形式上的通俗性,但随即又用语言的诗性之美,让读者感觉得到了极大的回馈。

是的,这是部讲述"美"的小说。张翎通过她的文字展示了三个层次的美。一是土地之美。小说里有两个村庄,一个叫四十一步村,一个叫月湖村。村庄依山傍水,白雾缭绕,盛产茶叶。籍贯为温州,后旅居加拿大的张翎,在她描写家乡风物的时候,不着痕迹地融入了一些乡愁。

二是人性之美。残酷的战争,把几个完全不相干的人推到了一起,他们产生爱,产生友谊,产生亲情,最终都不抵命运之手的恶作剧,分别走上不同的归途。但在黑暗的时代背景下,人性的温暖有着出奇的治愈效果。阿燕因为这些人,才能够完成自己的蜕变,成为一个内在与外在都拥有光辉的人。

三是女性之美。这本书是写给阿燕的,更是献给那些曾经历过苦难却不折不挠勇敢活下去的中国女人的,她们用天性里的朴素与纯洁,涤荡着命运所带来的污浊。阿燕尤其不同的是,她以自己的灵性,觉悟到自身与信仰之间的关联,在很短的时间里完成了自己的人生重建,从弱小变得强大,她后来的保护者角色,使得东西方都具备的牺牲精神在她那里得到了统一。

作为一部以抗日战争为背景的小说,《劳燕》仅有一场中美军人联合伏击日军的战争场面描写,但几乎所有的情节与细节,都有战争背景的映照。在这映照之下,阿燕的身影变得愈加清晰。她有仇恨,但却不会被仇恨左右,她明辨是非边界,但又悲悯宽容。在整个村子,包括与她有婚约的刘兆虎,一次次往她的伤口上撒盐时,她应对的方式只有一种:理解并原谅。

苦难带来的疼是真的疼,但苦难岁月里的那些喜悦也真的非常珍贵。张翎不断用非常形象、文学化的描写,来冲淡故事的灰色基调。"残忍"与"爱"一起营造了一种奇特的阅读享受,当这种阅读享受产生时,小说多角色叙事所带来的晕眩感彻底消失了,读者拥有了与书中人物面对面的机会,但却不会产生去干预人物的冲动,安静地聆听,成为读者唯一能做的事情。

在读完《劳燕》后,会发现它拼图式的故事构成,是非常完整而且流畅的。它有着内在的韵律与节奏,鲜活的文学语言,在润色着人物丰满的同时,也制造了整个小说的质感。读完小说,如同看完一部动人心魄的电影。

张翎、虹影、严歌苓,这三位移居海外的作家,都擅长书写以中国近现代历史为大背景的女性小说,这和她们远离故土之后,拥有了更为开阔、更为审视的视角有关系,也与她们逐渐掌握了"全球化写作"的秘诀有关系。《劳燕》并不仅仅是部中国故事,它所书写的人物,在其他国家也很容易引起读者共鸣。

(《北京日报》2017 年 8 月 1 日)

王朔的真诚和温情

王朔的《致女儿书》,从出版的角度看,不是一本完整的书,只完成了写作计划中的前两章,虽然以女儿为写作对象,但本质上仍然是王朔一个人的自言自语。它延续了《我的千岁寒》中天马行空、信手拈来的写作风格,从中可以看出,王朔在寻找文体表达自由过程中的努力和困惑。人类起源、历史、文化、血缘、家庭、情感等诸多内容被王朔揉碎打乱,寄予这本书里,既像杂文,又似散文,有些甚至是日记,但繁杂混乱中很奇怪地有一种独特的秩序,这种秩序的建立,可能源自《致女儿书》真实地传达出了王朔目前的写作状态和精神状态。

《我的千岁寒》出版后,王朔作品,包括王朔本人,都变得有些让读者不认识了。《致女儿书》是王朔复出后的第二本书,紧随其后,长篇小说《和我们的女儿谈话》也即将出版。《致女儿书》,有助于在阅读他下一部长篇小说之前给自己提一个醒,那就是不要再试图寻找往日王朔的纯情和痞子气。在之前,王朔面对媒体的一系列"表演"当中,批评和忏悔一直以自相矛盾却又互有交织的形式出现着,他对人对事的激烈言辞以及意识到错误之后的自我反省,都让人捉摸不透。

然而,在《致女儿书》的序言里,虽然还能看到王朔一些带有自我保护意识的暴戾之气,但看完全书,会发现王朔对自身性格的批评和对女儿的忏悔是那么的真实,真实到让人忘记他曾是一头愤世嫉俗的"咆哮的狮子",而是一个普通的、内心复杂烦乱的父亲。

《致女儿书》中的王朔是真诚的，他想"掏心扒肝"给女儿写一本书，他把这本书当作"遗书"来写，因为在世时有许多顾忌，而要当作"遗产"留给女儿的这本书，也是他试图突破写作障碍的一个试验品。因此，在向女儿讲述"关于咱家我这一方的来历"和"关于爷爷奶奶"等事情时，他丝毫没有用美化的笔触来为女儿编织一个美好故事的意图——尽管很多作家都干过这种事，王朔的冷酷和残忍被延续到了他写家庭和亲情关系上。

王朔在写到自己和母亲的敌对关系时，用了很多无情的句子，这些句子中数书的最后《答编辑问》中王朔对母亲说的话最为决绝："对不起。要是冒犯了谁使谁不痛快了请你这么想：反正咱们也不会永远活着，早晚有一天，很快，就会永不相见。"

王朔认为，作为一个父亲最基本的责任是应该和女儿生活在一起，而婚姻的破裂，和他的性格以及家庭的影响是分不开的，王朔希望用这种冷峻的方式得到女儿的理解。王朔如此坦诚地剖析自己，等于向女儿卸下了所有的盔甲,如果这世界上还有谁能伤害王朔,答案只有一个:他的女儿。

在书中,对女儿的亲情散落在文字中间,显得弥足珍贵,比如:"这是你出生的那一刻,你在宇宙洪流中,受到我们的邀请,欣然下车,来到人间,我们这个家,投在我们怀中。每个瞬间都是一幅画,美好的,死亡那一刻也是如此。""很感激你来做我女儿,在这个关头给我一个倾诉机会,当我能信任的倾诉对象。"这些美丽温情的文字,不知是放大了还是遮掩了王朔的悲伤,但有相当大的可能是,王朔借此会获得女儿的原谅以及读者的理解——虽然王朔对后者的态度可能并不以为然。

(《京华时报》2007 年 11 月 5 日)

张炜笔下的中国病人

"乱世要养生",当《独药师》里的邱琪芝说出这样的观点时,有读者会产生被冒犯的感觉。这不奇怪,在我们的历史里,乱世带有浓厚的浪漫主义色彩与英雄主义色彩,"乱世出英雄""乱世多悲歌",读多了典籍、传奇,甚至志异,会发觉乱世被赋予了革命正当性,充满了推倒重来的快意与舒畅。

但"乱世要养生",的的确确也是我们文化当中真切存在的一种生命姿态,如邱琪芝所说:"凡乱世必有长生术的长进,春秋魏晋莫不如此……"联想到前几年"绿豆治百病"等怪诞养生术蔓延全国的情形,会不由得感慨,乱世被赋予"韬光养晦"光环的"养生",到了盛世,竟然堕落成了一种狂欢与疯癫。

写作《独药师》,作者张炜要冒一定的风险。这种风险贾平凹冒过,是在写《废都》的时候。《独药师》里的男一号季昨非,容易被误读成庄之蝶;张炜透过小说传递出来的信息,也容易被解读成犬儒。在当下价值观冲突的环境下,这样的写作需要莫大的勇气。也因此,有的作家首鼠两端,有的则选择了同流合污,当然也不乏有人干脆封笔养老。

张炜不可能意识不到这种风险的存在。一定是有什么催促或逼迫着他,让他坚持按照自己的意愿完成了这部作品。为了强化故事的可信性,他还通过楔子和一篇长长的附录(管家手记),来增强读者的代入感,尽可能地让读者相信,在那片半岛之上,真的有过一位季府老爷,与一众女子有过镜花奇缘,并在一场荡气回肠的爱情中,完成了生命的洗礼,把自己由一位中国病人变成通透、英勇的中国好人。

阅读《独药师》并不是个畅快的过程。年轻的季府老爷受养生师傅邱琪芝的"引诱",走上了一条纵情之路,终极的目的就是"不要专情于一个人",继而达到不受情感束缚的自由境界。但事与愿违,季府老爷无法摆脱自己的贾宝玉情怀,时时为情所困。水满则溢,情深则痴,痴多则病,那股游走于季府老爷血液里的情欲,使得他每每在作者笔下出场时都病态十足:汗出如浆,头昏目涨,神经衰弱,喉咙喑哑。

每每读至此,总忍不住停下片刻,感觉季府老爷始终走不出他的"旧房间"。这个"旧房间"由他的祖业继承人身份、求新不得的生命欲望、自我压抑带来的放纵渴望等构成,伴以忠心耿耿的仆人、肮脏的豪华马车、每日必服的丹丸等元素,这个"旧房间"充满令人窒息的气味。

但《独药师》也是本读了之后很难放下的书。季府老爷与西方医院的医生陶文贝之间的爱情是这个灰色调故事的晶莹亮线,牵扯着读者的眼睛去追随他们的点滴进展。值得庆幸的是，张炜写爱情的笔触是那么的细致入微，如果说这个故事是一个"病体"，读来让人纠结，那么那些关于爱情的描写就是包治百病的"丹丸"，"丹丸"所到之处，一切的不畅快便迎刃而解。

或因爱情元素的高调介入，这部小说的主旨不再是叙述养生与革命的关系，也不再是暗示腐烂与新生的必然联系，而变成了一部任性的爱情小说。不止一次地想到，季府老爷对陶文贝的爱，其实就是《霍乱时期的爱情》中阿里萨对费尔米纳的爱，一个在无数女人床上滚过的男人，竟然说他一生都在为自己最初的暗恋对象守贞。

相比之下，形象与阿里萨一样并不讨人喜欢的季府老爷就坦诚多了，他按自己所爱女人信仰的宗教所要求的那样，坦白、倾诉、忏悔，用卑微的姿态去浇灌爱情花朵并使之盛开。而那位骄傲又圣洁的女人又说了什么？很显然，她追求的是简·爱式的平等，是对季府老爷家的仆人也要以"姐姐"相称的尊重。

张炜以纪实的口吻写完了这个故事，以传奇的笔触完成了其中的情节，又以浪漫现实主义彻底驱逐了给这个故事带来风险的"旧房间"的味道——当季府老爷眼前一亮，决定抛弃一切北上追寻他的爱妻时，"独药师"已经放弃了他赖以养生的"丹丸"，忘记了他那动辄就疲软无力的病体，完成了他多年追求的蝶变……在顺理成章的想象中，北上后的"独药师"和陶文贝一样，成为一个愿意为理想与事业放弃贪图与享受的人。

这个结局，足以让读者轻松地舒一口气，《独药师》的价值观正确到无以复加，而且并不因此显得坚硬干燥、难以下咽。

作为写作过十卷本450万字《你在高原》巨著的作家，张炜的情感原动力与文学创造力曾被担心消耗过多，但《独药师》的文学性还是非常显眼的。作品的词汇并没有贫乏，相反，经过时间的洗礼和生活的积累之后，《独药师》有了灵动与鲜活的色彩，正是这份灵动与鲜活，在不断对题材本身存在的陈腐气息进行干扰。

能感受得到，张炜在写作时并不吃力，这本书的完成,虽然得益于对资料的掌握,受助于窥探历史的冲动,但起到决定性作用的,还是作家内心深处涌出来的新的文学激情,这种文学激情,如同季府老爷在碉楼之内插满的各色鲜花,花香带走原有的气息,让写作者的内在焕然一新。

《独药师》在写作形式上有向市场靠拢的痕迹,比如镜头感的凸显、主要冲突的戏剧化设置以及语言与细节的现代性,这些使得它具备了改编为影视作品的良好底子。对于传统作家而言,这样的转变很难,因为要对以前的经验大力地进行推翻。

《独药师》让读者看见一个熟悉的张炜,也看见一个陌生的张炜,就我个人的阅读趣味而言,对陌生的张炜更加喜闻乐见。

(《文汇报》2016 年 7 月 4 日)

张大春与李白的时光旅行

我在朋友圈手工打字,抄写了一段《大唐李白:少年游》中的诗:"笑矣乎,笑矣乎!君不见沧浪老人歌一曲,还道沧浪濯吾足。平生不解谋此身,虚作《离骚》遣人读。君爱身后名,我爱眼前酒。饮酒眼前乐,虚名何处有?"

发完后忽觉有些迂腐,互联网时代与古诗气质格格不入。这也是我读张大春这部新小说的第一感觉。半文半白的写作方式,正史野史交杂相错,大篇幅古汉语解读以及诗论的出现，没点儿耐心真读不下去。

然而，张大春在书中下了诱饵，如同钓者相信湖中一定有大鱼，饮者一定了解醉后有酣睡，读者也笃定地认为，张大春在满足了自己对冷僻典籍知识的私欲爱好后，会用他擅长的讲故事，让大家的阅读感官也放松愉悦一下。

恩师赵蕤对李白的授业解惑是《大唐李白》第一部《少年游》最有趣的部分，"蜀中二杰"虽有年龄、见识差异，但思想与言辞的交锋却充满了隐者与天才对话所带来的火花。另外，少年李白对师母月娘懵懂的暗恋，也凸显出张大春写干净情色的高手水平。

恩师不辞而别进山采药，师母代为督促李白拟文、读经，外加照顾李白的生活起居。某日月娘满头大汗从灶舍出来招呼李白午饭，莫名就让李白觉得师母端的是性感，当即写了一首诗："新晴山欲醉，潋影下窗纱。举袖露条脱，招我饭胡麻。"师母又不傻，白了他一句，大意是说"不是所有世事都可以拿来吟咏的"，得师母教诲，李白一生曾多次以此自省。

如果《大唐李白》单写这些故事，可读性会增强许多，但亦会失去诸多考证、学习的乐趣，当读者为少年李白的狂傲与才华击掌的时候，顺便听听张大春如何说掌故，讲逸闻，串古史，也就不觉得那么枯燥，权当买一送一了。本书虽然约有一小半篇幅无情节，多议论，但毕竟是本小说，也不必带着学究气去较真。

张大春说，写李白他准备了30年，那么在他的这趟文字大唐之旅中，又怎能甘心自己不同步融入那个时代？在《大唐李白》中，张大春饰演着导游或者说书人的角色：当主角有戏的时候，他用白描手法写出令人心跳加速的场面与情绪；当他技痒的时候，不好意思，管他赵蕤还是李白，都暂且退下，让我张大春一显身手。可以想象，四部《大唐李白》，一直都有两个主角，一个是活在古代的诗仙，一个是活在当下的文字高手，他们实现了在同一时空的携手旅行。

有人说，张大春这次写的李白是个流氓，10岁上下就知道伙同不良少年上街打架斗殴。但实际上张大春是把李白当成孙悟空来写的，少年李白既顽劣又充满灵性,心怀大志又躲躲闪闪,非经过良匠打造不能成器。在少年李白身上,我们今天最能感受到的,当是文学的力量,联想到数千年来,文学是怎样参与政治,如何改变历史的。

李白的一生不单是属于诗歌的,他更多代表着个性的解放,身体力行地推广一种生活方式,有诗,有酒,有情,有爱。无论谁写他,无论什么时候写他,李白都是需要中国男人集体表示敬仰的对象,只是,想要得到李白一丝半毫的仙风,恐怕只能在书中去艰难地搜寻、捕捉了。

(《北京日报》2014年5月15日)

余华的进步与退步

一位作家是怎样被时代改变的？这是读完余华新作《第七天》后产生的第一个疑问。在微博上非常活跃的余华曾认为，微博给他的创作带来了影响。由此，不难理解《第七天》会出现那么多诸如野蛮强拆、洗脚妹杀人、卖肾买苹果手机、打工妹跳楼等社会新闻。

在回忆中写作是中国作家的集体特点，并催生了一大批优秀小说，莫言回忆高密东北乡，贾平凹回忆商州，苏童回忆江南……余华则通过回忆少年生活写出了《在细雨中呼喊》,回忆历史写出了《活着》。但是当这些作家把视线转向正在进行着的当下时,笔触却不由得发软,失去了力量。

作家是否要与现实保持一定的距离才能创作出好小说?这个问题目前还没有准确答案,但舆论一直这样呼吁作家:走出回忆吧,走出乡土吧,多体会和感受正在发生的历史吧。作为对这种声音的一种回应,余华以《第七天》交了一份答卷,由此我们看到微博作者余华和小说作者余华在这本书中合二为一了。

《第七天》有一个马尔克斯式的开头,一个逝者出门后又回转家中穿衣打扮,然后去殡仪馆火葬自己。在去的路上,以及到达目的地之后的过程中,他想起了生前发生于自己身上的事情和他耳闻目睹的事情。没错,即便是一部与现实只有几天之隔的小说,《第七天》的结构仍由回忆支撑而起。如果这本书放弃回忆,放弃魔幻现实主义,而像刘震云写《温故一九四二》那样写出来,会是什么情形?

余华还做不到完全的写实主义,他还受困于中国文学一直都存在的一个窘态：喊着现实主义口号的现实主义作品其实是不敢面对现实的。在《第七天》里，一面是隔几页就会出现的对社会新闻的生搬硬套，一面是几乎每一页都有的文学性很强的修辞。

"我感觉自己像是一棵回到森林的树，一滴回到河流的水，一粒回到泥土的尘埃"，"我们自己悼念自己聚集到一起，可是当我们围坐在绿色的篝火四周之时，我们不再孤苦伶仃。没有说话没有动作，只有无声地相视而笑，我们坐在静默里……"这样的段落大篇幅出现，它们的最大作用是为了中和小说的生硬成分，小说的现实性与文学性如同两根坚硬的筷子，怎么也糅合不到一起。

反过来看，当余华放弃令他揪心的现实批判后，语言会立刻放松起来。比如描写杨飞与养父杨金彪之间的父子情感时，写到养父为了恋爱、结婚，一时糊涂，把幼年杨飞带到一个陌生的地方准备遗弃，但受良心驱使，又回到遗弃之地找回了一直等待他的杨飞……这种中国式的情义故事，在中国作家手中总是能够被写得荡气回肠,但为何一触碰到冰冷的当下,他们便手足无措呢?

在写杨飞与李青的故事时,余华也尽到了一名小说家的本分,把一个爱情故事写得令人心悸。但李青的观念转变又十分矛盾,既然她能够爱上全公司最不起眼的杨飞,而且是在她历经多种诱惑场合而不动心的前提下,为何结婚后她变成了一个那么轻易就上当的物欲女人?这段爱情所体现的背叛性,被作家工具化地使用了。

实际上,杨飞在小说里也是个工具式的人物。他担任了导游的角色,穿行于生者与逝者的世界,讲述和聆听那些不堪的悲惨事件。但就小说整体而言,担任批判任务的又不是他,而是时不时出现于故事中的余华。这种割裂感,才是《第七天》得到"余华出道以来的最差小说"的评价的主要原因吧。

就小说创作的社会价值倾向而言,《第七天》的出版是件有意义的事情,它会带动更多作家更积极地介入火热生活,而非沉湎于过去。而就小说纯粹的可看性和文学价值而言,《第七天》的主题先行痕迹明显,创作心态有些急躁,缺乏足够的容量来承载作家对社会的观察与反思。也许,真的要等20年之后,才能发现《第七天》之于余华之于中国文学究竟占有什么样的地位。

(《羊城晚报》2013年6月23日)

陈染有时悲伤，有时宁静

宁静和悲伤是陈染在她的最新散文集《谁掠夺了我们的脸》里所体现的两种状态。在这本书中，陈染的悲伤大于宁静。这位中国文坛以小说见长的重要女作家，这位30岁就开始过上"提前降临的晚年生活"的女作家，她的精神世界缘何发生这样的转变，她在新书中所体现出的悲悯情怀从何而来，既耐人寻味又引人探究。

早期写作《无处告别》《与往事干杯》时的陈染，敏感而丰富的心灵就已经通过小说的语言展露无余。

轻灵、凄美，匪夷所思的词句组合，使得阅读她的小说如同行走在流光溢彩的街道边上。在与王朔的一次对话中，陈染承认过自己的青春也是充满躁动的，对于一名写作者而言，躁动或许是创作的原动力，内心的矛盾和不安，被压制、凝练、重新排序后呈现在纸上，会带来别样的流畅与开阔。陈染说过："只要你活着，在思想，在生活的事件中，你总会有取之不尽的内心活动。"在沉寂几年后，再读陈染，仍然可以体会到她内心的波澜，在她内心那条貌似平静的河流底下，仍然有着被暗礁激起的漩涡。

《谁掠夺了我们的脸》中的陈染仍然是创作活跃期时那个矛盾的陈染，我更愿意相信"提前降临的晚年生活"的说法是一种自嘲或反讽，表面的平静遮掩不住内心的疯狂，刻意地和这个世界保持距离并不等于在某一刻不会奋不顾身。在陈染眼里，这仍然是一个冷酷而诗意的世界，她一面理性地告诉读者这个世界的疮痍，一面却不经意地因为某个渺小的美好而放大生存或者活着的乐趣。我甚至认为陈染和王朔是有许多相似之处的,他们都厌烦却离不开世俗生活,他们无时无刻不想逃离琐碎却时刻为琐碎所围困,他们寻找的大悲悯不是用来出世的,也不是用来入世的,实际上他们一直都处在两者的边缘地带,都是热心冷眼的旁观者。

作为"僻居笔记"的第一本,《谁掠夺了我们的脸》完完全全体现的是陈染的私人生活,在内容上,也只是简单使用了"我与××"的形式略加区分,记述了"我与我""我与物""我与心""我与生存"……因而,这本书不像一本散文集子,更像一部心灵自传。书写的是日常生活,读来却时时有惊悸的感觉,书名本身就已经令人有些仓皇,里面的一些文字更时时让人深思,去品味那些可以穿透灵魂的终极问题。在《渐行渐远》这篇文章里,陈染写有一次突然和母亲谈到死亡问题,假如"再过两个小时就要被枪毙",自己和母亲将会做些什么,这是一个残忍的问题,陈染却用"随便一说"的语气来击打这"平庸的生活"。殊不知,人生很多事是不可"随便一说"的,能"随便一说"是种境界,而倾向于"我只是我自己的"陈染仍然还是在这境界边缘游移的。

人在悲伤的时候是很难平静的,这是常识。我只能说《谁掠夺了我们的脸》是本奇怪的书,在其中,悲伤和宁静如同山中生长的双藤,因为时间久远,跨过悬崖缠绕在了一起,不离不弃,自然而然,藐视时光和一切。因为这两种质素,陈染的新散文如同陈列在夜色中的瓷器,散发着幽冷的光芒,这光芒同样时而温暖,时而凄冷。

(《文汇报》2007 年 8 月 8 日)

严歌苓与她的乱世爱情梦

看完《寄居者》,最想知道那个叫艾德勒的报业集团创始人在现实生活里究竟有没有对应者。严歌苓在这本书中所使用的叙述语气,令我完全相信《寄居者》是她对某人的口述实录进行艺术加工后的作品。所谓"某人",就是书中女主角玫,一个在美国唐人街长大,于20世纪30年代回到上海的华裔女子。

她爱上了为躲避纳粹屠杀到上海避难的犹太男子彼得,为了他,玫不惜将一个长相与彼得相似的美籍犹太人艾德勒哄骗到上海,只为玩一个张冠李戴的把戏——偷用艾德勒的护照将彼得带去美国。

《寄居者》塑造了一个新鲜的中国女子形象,玫个性叛逆,小布尔乔亚情调严重,摇摆于两个男人中间,爱情的热忱与背叛在她身上存在得那么自然而然——在阅读的时候,你要时不时地提醒自己,哦,她成长的背景并非当时处在战乱中的中国,她对日本人、德国纳粹的愤恨,很大程度上也不是来自家仇国恨,而源自他们伤害了她的恋人和朋友。严歌苓从思想根源上给玫卸掉了形而上的枷锁,因而玫对那个时代的视角,因为个人化而显得十分独特。这是《寄居者》的最大特色之一。

《寄居者》还原了血淋淋的战争年代里醉生梦死、灯红酒绿的上海。作为上流阶层的玫,当钢琴女郎和家庭教师,只是她对抗家庭约束的一种手段,而身着能"勾起男人欲望"的旗袍,参加鸡尾酒会,和男朋友在酒吧喝得大醉,抓住每一个机会享受浪漫,才是她存在价值的最好证明。《寄居者》用一句话为玫进行了全面的开脱——"上海在二三十年代是最不古板的地方,全世界的人想在道德上给自己放放假就来上海"。因而,不但玫的形象没和那个时代脱节,她处处所体现出来的末世情结,恰恰是那个时代焦躁、紧张、恐惧的最好映衬。

60多年前,德国法西斯在欧洲大陆疯狂迫害和屠杀犹太人,当时的上海作为世界上唯一一个不需要签证的城市,先后接纳了来自世界各地的3万名犹太难民。在纪念世界反法西斯战争暨中国人民抗日战争胜利六十周年时,媒体曾对此进行过一次集中报道。这是一段很珍贵的历史记忆,它表明当时深受战火侵害的中国人民,对其他国家的受难者仍有着包容和接纳的宽广胸怀。

这段历史需要好的文学或影视作品来记载,《寄居者》无疑是一部既具备反思历史、探讨人性的价值,又拥有现代人容易接受和理解的表现手法的作品。它的出现,意味着中国作家开始掌握将文学与历史和现实巧妙结合的技巧。严歌苓的写作风格很洋气,但并非完全西式的，她的文字严谨中有着拿捏自如的灵活，具有奇妙的阅读吸引力。

除了玫，《寄居者》对两位主角彼得和艾德勒的描写也栩栩如生。尤其是彼得，通过《寄居者》，我们会对具有隐忍、认真、执着等典型性格的犹太人有更为深入的认识。而在艾德勒身上，我们也可以明显感受到美国人的乐观、热情和宽容。他们对于上海而言都是"寄居者"，但在这座城市里他们身上所发生的故事，却改变了他们的一生。

最具喜剧效果的是艾德勒先生，如果不是玫把他骗到上海，或许他很难从一个一事无成的美国混子成长为一代报业大亨。从乱世情爱入手，讲述时局变迁对个体命运的影响，《寄居者》在这一点上做得炉火纯青，期待早日在银幕上重温这个故事。读完它的另一个印象是：它完全是为一部优秀电影量身定制的作品。

（《文艺报》2009 年 3 月 17 日）

鲁敏打开一个黑色信封

《此情无法投递》是一部令人惊讶的中文小说,有着王小波式的语言快感,余华式的残酷疼痛,苏童式的阴郁怅惘,它的作者是鲁敏。11岁离家寄宿,14岁求学省城,16岁父亲去世,19岁开始工作,通过这样一份人生履历,可以猜测到作者拥有着怎样敏感的内心。对爱与温暖的渴望,成为驱动此书情节进展的最大动力。

小说有一个本该美好、浪漫的开始:一群大学生青春萌动,他们相约举行一个舞会,穿着最时尚的衣服,听着最流行的舞曲……谁都知道，这样的环境是爱情滋生的最好温床。一个矜持的男孩遇到一个外向的女孩，两种完全不同的性格，因为异性的缘故产生了致命的吸引，天知道他们中间会发生什么。

如同杰克给露丝画了一幅裸体画一样，男孩也给女孩画了一幅裸体画，但鉴于当时的社会环境，画裸体画的时候，女孩是穿着衣服的。也就是说，男孩是凭借自己的想象塑造了这个凭空闯进他生命里的"女神"。就人的天性而言，这是最圣洁的爱情的一种，但男孩因此被判了流氓罪，被枪毙了。故事的黑色成分由此显现，把这个事情放在任何时代，男孩都罪不至死，但他偏偏死了，这一点并不幽默，却让人心冷。

许久没有看到对爱情惊心动魄的描写。鲁敏的特点在于，她能够把涓涓细流扩张为波涛汹涌的长河或大海，她能够把一个作家的感受力放大之后呈现出来，依然表达得那么清晰而准确。鲁敏笔下那瞬间的爱情，也许就是"刹那天荒地老"的爱情，这爱情让一切卑微都变得伟大，让一切伟大都变得卑微，让那个时代的黑暗愈加映衬这爱情的光亮。

《此情无法投递》的可贵之处在于，它没有刻意虚化时代背景，与其他躲避现实、沉溺于语言狂欢的中文小说相比，它把那个时代的癫狂毫无保留地托到了读者的面前。死去的男孩通过书信的方式，与他沉沦在世界的父亲进行对话，于是，每次停顿之后重新开始的阅读，就如同打开一个黑色的信封，除那短暂的爱情如钢花般闪烁在夜空，带来耀眼的光亮外，所有的脸谱都是扭曲的。

年轻人的命运改变了家庭的命运，而家庭的命运就是时代的命运。无法肯定鲁敏想通过这本书批判什么，也许作者只不过想写爱情，写人性，但她的确也把呆板、荒诞的社会对人的约束与桎梏，丝丝入扣地描写了出来。《此情无法投递》因此具备了文学与反思两种价值，读它，会愈加懂得自由行走与表达，包括能够自由爱我所爱有多珍贵。

（《南京日报》2010年11月18日）

鲍尔吉·原野手握果实,凝望花朵

叶芝说,"奈何一个人随着年龄的增长,梦想便不复轻盈"。读鲍尔吉·原野的新书《流水似的走马》时,想到了叶芝的这句话,并马上否定了这位爱尔兰诗人的说法——鲍尔吉·原野从1981年开始发表作品,在文坛活跃近40年,但他的文字,仍然像少年一样饱含轻盈的力量。

《流水似的走马》,是鲍尔吉·原野在出版了数十部作品之后的又一部散文集,可是在读它的时候,竟然有读新人作品时才能产生的那种独特的喜悦——作者的语言,充满着一种好奇,像穿过山间与平原的水流,时而奔放激越,时而平缓惆怅,但始终保持流动的姿态。这种语言,经过了严苛的时间考验,让鲍尔吉·原野的文字从传统文学时代走来,仍然能在所谓的新媒体公众号时代,让读者产生阅读愉悦感与转发的冲动。

鲍尔吉·原野的读者画像,以往会被限定在保守、只认经典、拒绝改变阅读习惯的人,可现在,那些习惯了纸上阅读的人,依然会从鲍尔吉·原野的文字中寻找到一种智能手机时代很难产生的心跳感觉。这种感觉是纯粹的文字之美酿就的——用"酿"来形容鲍尔吉·原野的创作驱动力可能并不合适,作为一名热情的内蒙古人,他总是那么急切地把眼睛看到的、内心触碰到的美与细节分享出来,他几乎是在用脱口秀的方式,滔滔不绝地把他发现的自然神迹与人物传奇,活灵活现地转达给你。而你只能在阅读(其实也是倾听)的时候,保持微笑与沉默,一言不发地沉浸其中。

比如鲍尔吉·原野写鹿,这是我在中文阅读中读到的最美的鹿:"鹿真是奇怪的动物,它跑那么快,却从来不踩一棵花。懂得动物足迹的猎人都知道,没有哪一棵花是被鹿踩碎的。鹿的良心最好。公鹿和母鹿,它们俩一辈子都在恋爱,老是在一起,互相端详。""公鹿回头看母鹿的样子让人心都化了;母鹿看公鹿的样子,好像公鹿是一个神。它们在奔跑的时候,身影穿过树林,鹿头和美丽的花角在模糊的灌木丛飞行。""鹿喜欢站在山冈上呢。春的夜,风把花香一下子吹到山顶上,没越过山顶,堆积在山谷里。公鹿站在山冈上,山坡上各种颜色的花都被月光照得像白花,像鹿身上的花斑一样。"

鲍尔吉·原野也追求写出中文写作中最精神的马、最具神性的火焰、最有表达欲的石头,还有世界上最美的草原——沃森花草原中的每一朵花与每一根草……只要他愿意,他就能够把那些微小的事物写成伟大的神迹。草原是一个世界,而鲍尔吉·原野用文字又创造出一个世界,只有这两个世界重叠在一起的时候,草原才是真正的草原,草原上的事物才会如此真实而又富有诗意。

鲍尔吉·原野的情感是浓稠的,他不必要用文字来增加这份情感的浓稠度——虽然这是许多作家爱干的事情。恰恰相反,鲍尔吉·原野要尽力去稀释情感的浓稠度,这位出生、成长在草原上的汉子,能看到自己的眼泪砸在尘土里的整个过程,胸膛常常因为激动与感动而发热。他热爱奔跑与拥抱,而当他拿起笔准备写作时,唯有彻底地安静下来,才可以让那一个个文字变得不再烫人,像被月光浸染过一样,拥有舒适的观感与温度。

许多人评论过,鲍尔吉·原野是位有童心的作家。我觉得这是种误解,他明明是那种有野心的作家,只不过这野心,因为掺杂了诸多狂放的想象,以及适度的幽默与恶作剧,才显得像童心。他的许多文章是带着幽默与恶作剧的心态写就的,比如这段:"开遍一切地方的野芍药一定是花里的霸王。这帮野兽天天唱歌跳舞,狂欢七天啊,狂欢七天。"把花形容为"霸王"与"野兽",并带着点羡慕与嫉妒,来欣赏花们的狂欢,鲍尔吉·原野不自觉间也让自己加入了花们的队伍,他也愿意与这帮"野兽"一起天天唱歌跳舞吧。

鲍尔吉·原野的写作，在不同时期都是值得欣赏与研究的"样本"。如何保持文字的鲜活度，如何捍卫文字的纯洁性，从他的文章中可以找到经验。草原上的骑手，半夜睡不着的时候，会起身来到马棚里，把白马刷洗一遍，再把青马刷洗一遍，趁着月光，说不定还会把马鞍与马镫都擦亮……鲍尔吉·原野正是用这种方式来对待他的文字。

本文开头引用叶芝那句话的后面，还紧跟着一句，"他开始用双手掂量生活，更看重果实而非花朵"。这种对中年心态的形容，在鲍尔吉·原野那里也是不成立的。相对于果实与花朵，鲍尔吉·原野永远是更看重花朵的人。在果实与花朵之间，怎么选，其实也是人们对生活方式的一种选择，愿我们手握果实的时候，也别忘了凝望花朵。

（《新民晚报》2018年4月8日）

严歌苓用温暖笔触写就冰冷故事

在读《陆犯焉识》的过程中,随手在微博上写了一条感想,有网友评论说看不懂书名,我解释了一句,"讲的是一个名叫陆焉识的犯人的故事"。那位提问的年轻网友可能不知道,"陆犯焉识"是中国历史数朝数代对犯人的一种通用称呼句式,带有压迫性和威逼意味,公堂上喊完"×犯××"这句话之后,随后而来的那句"你认罪吗"大家就很熟悉了。

陆焉识不知道自己犯了什么罪,他也就是在报纸上写写文章，说点真话，就被莫名其妙地投进了监狱，并莫名其妙地一次次被延长刑期，在死刑面前兜了个圈，最后成了无期。陆焉识是饿死也要保持尊严的那种人，但在残酷的政治环境与生存环境下，他也学会了假装口吃来保护自己。和《肖申克的救赎》中那位被冤枉的银行家逃出监狱的最大目的是寻找自由不一样，陆焉识苟活于世并寻找机会逃离劳改农场的唯一目的是，想最后看一眼一直把他当作"神"的妻子，她有一个美好的名字——冯婉喻。

严歌苓倾尽笔力把她祖母的原型，送进当代文学最令人难忘的女性形象殿堂，婉喻眼神里所浓缩的专属于深闺女子的那一瞥目光，既妩媚又艳丽，是被久久禁锢后变本加厉的释放。回忆里婉喻对丈夫的惊鸿一瞥，成为陆焉识苦难时代的一道闪电，彻底照亮他的灵魂，让这位曾经的公子哥儿明白了什么是真正的爱情。

《陆犯焉识》的真正用意并不在于记录时代、批判历史，虽然客观上这本书也起到了这个作用，但严歌苓并不打算用这本书替祖父的同代人鸣不平,因此这部以苦难为底色的著作,几乎没有恨,它描写的主题是明亮的爱、充满希望的爱、忠贞不渝的爱,它甚至还有些幽默。比如书中写道,犯人很少笑,一年难得笑几次,但遇到特别好笑的事情,却会一不小心"笑超额了"。这样细小琐碎的描写遍布全书,不经意间为故事增加了一些暖色调,不至于让读者在阅读的时候感到全身发冷。

全书由三个主要的情节构成:陆犯行贿管理人员,冒着葬身雪地和狼口的危险去看一场女儿主演的科教电影;陆犯逃离劳改农场,想要回上海亲口告诉多年老妻一句"我爱你";陆犯等待妻子收拾好在上海的房子等他回去团聚。严歌苓在推动这三个情节进展的时候,可谓让读者受尽折磨,她用绣花针式上下翻飞的写作方式,把过去、现在、未来打碎揉乱了放在一起写,把繁华、平实、孤寂串成了一条线来写,她迟迟不让读者期待的最激动人心的时刻顺利地到来,又让读者对每一段文字都恋恋不舍,无法快速翻页过去看结局。

等到读者最愿意看的喜悦场面到来时，作者却一笔带过，不刻意渲染，让人心生失落。

除爱情主题之外，《陆犯焉识》对人性的描写也细腻到位：陆焉识的继母，用中国传统女性特有的柔韧和算计，控制着整个家族的走向；劳改农场的少年杀人犯，和陆焉识建立了类似于父子之情的复杂感情；劳改农场的管理人员邓指，也流露出尚未泯灭的人性。

全书所涉及的人物群像，或多或少都被病态心理控制着，而人性的光辉，总像躲藏在阴云后面的阳光，挣扎着想要钻出来。书的结尾，真不知该为陆焉识高兴还是悲伤，时间和距离，神圣化了焉识和婉喻的爱情，让他们变成了活着的"罗密欧和朱丽叶"，而最终得以见面的他们，却在世俗的阻挠下无法亲近与相爱，不由得让人一声叹息。

作为"华人世界最值得期待的作家"，严歌苓在出版多部有影响的著作之后，才选择对自身家族的精神世界进行一次探寻，她的这本书和她以往的代表作一样，不失水准，且有突破。《陆犯焉识》较强的文学性，弥补了其他记录同时代的作品在表达技巧上的不足,为读者提供了更鲜活的人物形象。

(《天津日报》2012 年 2 月 15 日)

毕淑敏的冷静与犀利

对于女心理师，男性心理疾病患者会有这样的幻想：她温文、平静，有着很好的倾听能力，最好还很漂亮；否则，非但不能有效理治部分患者，反而会加重其病情。许多影视作品就是这么来塑造女心理师的，比如《无间道》中陈慧琳饰演的李心儿。可是在毕淑敏的新书《女心理师》中，她并没有打算迎合部分男性读者对女心理师的幻想，直接干脆地表明，这是一个"并不美丽的矮小女子"。

和以往一样，毕淑敏仍然在用开药方般冷静犀利的笔调来完成这部作品，她曾经的医生职业背景决定了在其作品中不可能有大段的抒情。女心理师贺顿在自己楼下开了一间心理诊所，对于这间诊所的气氛，在书中正文的第一页，毕淑敏用令人窒息的语言进行了形容："心理室到处都栖身着故事，一半黏在沙发腿上，四分之一贴在天花板上，那些最诡异的故事，藏在窗帘的皱褶里。"这样的描写，使得这本书从一开始就充满悬疑色彩，读者打开它，仿佛坐在了女心理师面前软软的淡蓝色沙发上。

贺顿的心理诊所像一个舞台，射灯在角落里已经准备好，幕布也已经拉上，音响通上了电，只等演戏的人上场。《女心理师》的故事密集而紧凑，那些纷繁出场的人物会令读者有些眼花缭乱，他们开始的时候都是在演戏，但通常会在优秀的心理师面前溃败下来，流露出灵魂苍白、脆弱甚至长满脓疮的一面。所以，心理医生是世界上最残酷的职业之一，这种说法是成立的。

贺顿并不是一个优秀的心理医生，从阅读这本小说开始，我就毫无疑问地确定了这一点。对付面前坐着的、有着各种各样心计的心理病人，她并没有坚强的外壳和足够的心理防线来抵御扑面而来的阴冷，她不像我们所想象的那样，如一个武林高手般将毒掌与暗器化为无形。在与书中出现的第一位求助者老松经过一番心理较量，并初步知道他是一个"寡廉鲜耻的男人披一张道貌岸然的皮，一肚子卑劣下流"之后，贺顿开始害怕老松，却又不由得期待他的出现，甚至因想彻底了解他而产生了依恋感——这是一个心理师的致命伤。这令人想起电影《沉默的羔羊》中的联邦调查局探员史黛琳对变态人魔汉尼拔的复杂情感，这是不能用常理解释的一种情感，那么贺顿，或者说毕淑敏，能通过《女心理师》一书，为我们抽丝剥茧般解开困扰俗世男女的心灵谜团吗？

毕淑敏好像并没有打算这样做。她并没有因为贺顿的心理师身份而赋予她超乎常人的抗纷扰能力。贺顿一方面是帮助别人解决心理问题的人；另一方面也不断地需要别人帮助她实现内心的安宁,在与丈夫、情人、心理权威之间水草般杂乱的情感纠葛中,她像一个普通病人一样无助。毕淑敏的笔触像冰冷的手术刀,贺顿在语言上慰藉别人,毕淑敏却为贺顿的灵魂做着血淋淋的手术。在书中,毕淑敏没有任何的铺垫承转,故事的推进、人物的转换都采取生硬的切换方式,这种方式无时不在提醒你,现在是心理治疗时间,没有那么多时间容你把谎言和退路想好。

一个心灵强大的人,是不需要外界帮助便能解决自己的问题的,自我救赎是打通内心光明最宽阔的一条大道。无数文艺作品都精准地指出过方向,可人们还是无力从中得到启示。女心理师贺顿,在关闭诊所重新开始心理学更深层面的学习之后,在课堂上遇到昔日权威,她说:"你的疗法是完全错误的,我要控告你……"至此,贺顿也许发现了自己一直站在黑暗之中,而光明与黑暗,仅一线之隔。

(《京华时报》2008年6月20日)

第二辑

遐想与疼痛

向巴尔扎克学习风雅

《风雅生活论》是法国文学巨匠巴尔扎克的一部短篇论文合集。通过阅读它,我才认识到这位一生创作了91部小说的作家,写起论文来是如此畅快淋漓。一位巴尔扎克研究者在为本书撰写的导言中写道,青年时代的巴尔扎克就有针对社会生活的生理、心理疾病撰写理论文章的雄心,早在20岁露头时,就定下了4部描写公共道德、科学观察、讽刺批评的写作计划,只可惜,这位忙于写小说赚稿费还债的家伙只完成了其中一部《婚姻生理学》。《风雅生活论》是另外一部《风雅生活全论》的组成部分，全书还未完成，便被心急的出版商拼上另外一篇随笔《步态论》出版了。

国内出版的《风雅生活论》，共收有三篇文章，《风雅生活论》《步态论》《现代兴奋剂论》。这其中，占了大部分篇幅的《风雅生活论》，写得相当风趣、幽默，同时不乏深刻的洞察力和批判精神。这本书的风格，大致类似于美国作家保罗·福塞尔写过的《格调》，后者在中国出版后风靡一时，成为中国第一批中产阶级的生活指南和精神营养品。喜欢过《格调》的读者，大可以再来翻翻这本《风雅生活论》，"温柔的刻薄、狡猾的犀利、善意的恶毒"是两书具备的相同特征。

巴尔扎克在《风雅生活论》中将现代人分成三个等级——"劳动者、思想者、有闲者"，并将这三个等级的人与"劳碌生活、艺术家生活、风雅生活"这三种生存状态进行比对，接下来他滔滔不绝的讲述都是阐述这样一个观点：劳动者是绝对没有风雅生活的，思想者的风雅生活是有限的，只有有闲者才有可能过上真正的风雅生活。当然,这只是我读完文章后得到的印象,巴尔扎克在文章里并没有说得如此明确,他只是用连续不断的格言以及虚构的对话场景,来告诉大家(尤其是新贵们),如何过上简单、整洁、和谐的风雅生活。

《风雅生活论》中无论是巴尔扎克引用的还是自创的关于风雅的格言,每一条都表达准确,简单易懂,令我们这些对风雅这种事有点一知半解的人有恍然顿悟感。比如这几条,"风雅生活,就其广义而言,就是活跃休息的艺术",风雅生活是"有趣味地花钱的艺术","风雅最主要的效果就是让手段隐而不见"……

在这篇不完整的论文中,巴尔扎克重点就服装和饰品对于风雅生活的重要性展开了叙述。在对如何根据一个人的着装判断他的职业进行细致的描述后,巴尔扎克依然用格言传达了他对于着装的观点,"粗心大意的装束是一种道德的自杀","服饰不仅指衣服,更是指着装的方式","服饰绝不应该是一种奢侈"……坦白说,这本书对我的最大帮助是,让我在早晨起床前开始为着装踌躇上一两分钟。

《风雅生活论》中有一页文字,说的是一个优雅的超凡脱俗的男人应该是怎样的,"他照顾人无微不至。他聊天时只拣合适的话题,每个字眼都用得恰如其分。他语言纯正,他的揶揄透着友好,他的批评不伤及自尊……他的性情平和,总是笑容可掬,他的礼貌发自内心,待人殷勤而不谄媚……"

这一页文字读得我心潮澎湃,甚至不禁为其击掌叫好,觉得这本书因为这页文字而价值无限。但作为一个怀疑主义者,在考察了诸多巴尔扎克的私人生活之后,我开始怀疑巴尔扎克的生活是否和风雅沾边儿——他是文学的天才,却是现实生活的低能儿,他拥有高额稿费却挥霍无度,乃至要向情人借一千金币作为回家的路费,他的一生都在追名逐利中度过,却还要忍受负债的耻辱……我严重怀疑,巴尔扎克在他的时代是否能风雅得起来。

不过,粉饰自己的生活和思想是写作者的天赋权利,风雅本身就和"附庸"二字有着不可脱离的关系,所以,也没必要追究100多年前的巴尔扎克究竟是一个风雅的高人还是一个俗常的庸人了。可以肯定的是,他的《风雅生活论》在现代生活中还有着一定的指导意义,想明白风雅的真相,想了解如何才能接近风雅,阅读此书,会有不小的收获。

(《新京报》2009 年 2 月 12 日)

那些令人羡煞的文人交往

李辉老师的《藏与跋》是一本标准的文人书。它记录了作者与巴金、冰心、丁聪、黄永玉等文化老人及著名作家的书信、题跋来往过程,书中收录的一幅幅珍贵的签名题赠文字,以及这些文字所传递出来的真挚情感、谦谦君子之风,令人羡煞。这样的文人交往,逐渐稀薄淡去;用键盘写作,在网络上出版作品的文人们,再也不会复现这种古典又隽永的情形了。

现在的写作者互赠新著,还是延续了老一辈文人的习惯，喜欢在扉页上写下请受赠者"斧正""指正""批评"之类的字样，但除此之外，已经少有人花点耐心，写上一句赠言，或表达一下情感了。媒体上经常出现某某作家一天签售几千上万本书的新闻，即便没那么畅销的作家，在赠书时也少了静气，缩减了净手焚香、静心传情的程序，草草签名已属难得，能在签名之下落下一款印章，更是少之又少。

之所以喜欢《藏与跋》这本书，是因为书里收录了大量扫描清晰、完整优美的文化老人及著名作家们的笔迹。令人颇为意外和惊奇的是，有不少题赠是可以当作书信来读的，比如随手翻到丁聪先生在《鲁迅小说插图》一书版权页上写给李辉的赠语，开头便写道："画这套画时，我正在美术馆劳改。挤早晨、中午的空，偷偷在废标签卡的背面画成的。"之后，又写到这本书的出版过程，以及对这本书的重视程度，还写了这本书收到的稿费是"二百二十多元"，最后落款才是"小丁应命"题赠李辉，亲近至极，客气至极。

据李辉老师说，老一辈文人都极低调有礼，哪怕受赠者辈分、年龄都小，也多会客气相称，把受赠者放在高处，把自己谦虚地放在低处，从丁聪先生的落款"小丁应命"来看，还真是反映了前辈文人的格调。

以往的文人交往，除了沈昌文先生所说的出版人的重要任务就是请作家喝酒吃饭，就是通过邮局一来一往的书信交流了。作为一名写作者，最为期待的读物之一，就是前辈文人们在书信中的言语——是的，那真的是用平常话写出的家常言，而不是发表在报上的文章。这些书信言语，简单地勾勒出前辈文人在他们所处时代的生存与精神状况，精确地传递出了他们的风骨与风采，令读者可以跨越时间阻隔，走到他们面前敬一杯酒。

或是平时的书信仍不足以表达感情，所以在签赠的时候，前辈文人依然愿意多写几笔，抒发一下内心，比如黄苗子先生在李辉所著的《人在漩涡——黄苗子与郁风》一书扉页上，就写下了这样的题词，"如果没有漩涡，一潭死水，那么，生命、诗、文艺，一切都完蛋了。感谢李辉把我们投入漩涡"，"完蛋"一词，令人莞尔。阅读《藏与跋》全书，发现题词写得最多的当属黄裳先生，在赠予李辉的几本著作中，均密密麻麻地写了赠语，因图片有点小看不清楚写了啥，就不再引用了。

《藏与跋》的每一个篇章，都是建立在介绍书的基础上的，但重点却是写人，写事，写历史。李辉不但写他与文人们之间的交往，也写文化老人们彼此之间的趣事逸闻，写他们的恩怨情仇，读着读着，一幅前辈文人的交往图景便慢慢完整起来。

有一次与李辉老师开玩笑："现在您写与前辈文人们的交往，以后我们就只能写与您之间的交往了。"但无论怎样，前辈文人书信往来的盛景，以及那些散落在正式著作之外的序、跋、赠言、题词所构建的情怀，都难以被继承下来，想想也是颇令人无奈的事情。唯有读读《藏与跋》，为过去的时代与人，送上致敬的目光。

（《北京日报》2015年12月3日）

贾樟柯的遐想与疼痛

读到贾樟柯的《贾想》,非常高兴。年少时集邮,常有某套邮票总是空缺一枚,偶然收集到,便会兴奋不已。《贾想》便是这样一枚迟收到的"邮票"。在七八年前第一次看到贾樟柯的电影《站台》后,我一直像集邮一样,在观看、研究、收集并且评论他的电影作品。

贾樟柯的文字和他的影像风格一样,感性与真实,坚定与迷惘,凝重与幽默,那些本该互相排斥的情绪,融化成一种本真的倾诉，一个用文字诉说着的贾樟柯，和那个拍摄时从来不看监视器的贾樟柯，是高度统一的。阅读《贾想》，如同和来自家乡的故交聊天，记忆和观点的惊人相似，带来的是令人感到酣畅的默契。

印象里第一次读到的贾樟柯的短文，是他那篇在互联网上广为流传的《我比孙悟空头疼》。这篇文章所表达的意思大概是，如果没有思考和表达的自由，无论到哪里都是在服劳役。他讲到小时候自己常常站在院子里，面对蓝天，希望像孙悟空那样逃离身边的一切，但最后终于知道，即便是孙悟空一个跟头十万八千里，也照样逃不出如来佛的手掌心，于是他得到了这样一个结论，"我悲观，但不孤独，在自由的问题上连孙悟空都和我们一样"。

《贾想》里收录了很多类似的文章，他的童年记忆，混乱不知所措的青春期，对未来的惆怅，还有那个在他生命里留下深刻印痕的小城市——山西汾阳。在大学的放映室或讲台上，在国际电影节的颁奖礼上，在其他著名导演的访谈中，青春的记忆片段随时会涌上他的脑海，并成为他诠释自己电影作品的最好注脚。我深信，这些感言传达的重点不是对电影的理解和认识，而是自然地袒露一代人的精神成长史，或者他们曾经的遐想和疼痛。

《贾想》中有一篇文章令我感动。在这篇名为《2006年的暗影与光明》的文字中，贾樟柯写下了他在未通知任何人的情况下，潜入曾经生活过的山西大同，推开亮着灯的小酒馆，发现众朋友正在推杯换盏……可以猜测到，这样的重归友情怀抱，和每次贾樟柯将摄像机对准故乡和青春，是有着关联的，或许只有在这熟悉的语言环境和这片熟悉的土地中，他的创作欲望与才能才会被最大程度地激发。

这么多年来，贾樟柯一直在用真诚，努力靠近着那些藏在暗处的人们——他的主要观众群，20世纪70年代生人。这代人都曾有过做孙悟空的遐想，也都有过不知道未来在何处的痛苦。他们习惯在深夜将一张贾樟柯作品光盘塞进影碟机，像少年时进录像厅一样，默默而安静地看着，看完后不发一言。这也是为什么贾樟柯作为20世纪70年代代言人却看不到他的观众究竟站在哪里的原因，因为我们都已经离开了家乡的小酒馆，贾樟柯推门进来，看到的是散落一地的尘埃，而不是那些把酒言欢的兄弟。

陈丹青在为《贾想》写的序里说，贾樟柯是"和他们不一样的动物"，这里的他们，指的是第五代导演。但作为为整整一代人提供了一个精神出口的导演来说，贾樟柯的背后，的的确确存在着大量和他一样的动物，他的"不孤独"，也源自他知道自己不是被孤立的。在艺术价值上，贾樟柯为中国电影和世界电影之间搭起了一座桥梁；在社会意义上，贾樟柯更是为后一代人了解他们的哥哥姐姐们搭起了一座桥梁。

作为一本电影手记册子，《贾想》的其他组成内容还有导演阐述、对话访谈、获奖感言等。像吕新雨教授所说的那样，"他是他自己电影最好的理论家，他把自己的电影说得滴水不漏"。我认为，这是对一位中国导演的最好褒奖，我们应该为中国电影界存在这么一位拥有自己完整的电影理论体系的导演而高兴。《贾想》兼具阅读趣味和收藏价值,是一本电影爱好者的必读之书。

(《新文化报》2009 年 4 月 27 日)

读书如饮烈酒

《乡关何处》是一本被强烈感情驱使着写作出来的书。作者野夫尽管行文克制，毫无煽情之意，但事件本身已经超越文本之上，开始控制读者的情感，因此读时要忍住内心的啜泣，才能将一篇文章完整地读完。这啜泣不是因为同情书中人物的遭遇，而是因为生而为人产生了对苦痛近乎本能的共鸣。

在书中作者数次写到自己与亲人失控哭泣的情形，大放悲声，匍匐痛哭，泣不成声，哽咽不已，泪流满面……在母亲投江后多年,野夫想到母亲的遗书而流泪,"仿佛沉积了一个世纪的泪水陡然奔泻";为了实现外婆遗愿,把入土12年的外婆带回故乡,"我跪在坟前哭泣焚纸,洒酒祭拜,望空祈祷"。作为读者,没法不被带入情境之中,与作者同悲同哭。

这是一本用泪水撰写的书,里面隐隐透露着血的浓烈与悲怆,血与泪充斥着一个家族的命运。这本书写到的情感是如此真实,唯有经历过才能写得出来,字里行间浸满的真情,让我们读来竟然有些羡慕。忘不了《畸人刘镇西》一文中写道,老刘感念野夫多年帮助,在野夫离乡之前执意要请他吃顿饭,野夫和朋友一起上门,到家后发现桌上居然只有两副碗筷和酒杯,邀主人一家上桌,老刘喃喃说都吃过了,能看到客人喝酒聊天就已心满意足。患难的朋友,平生难遇的饭局,微醺后如泣如诉的吟唱,主客各自流泪的场景……这幅由苦难中的真情所刻绘出的"图画",怎会不刻骨铭心?

读《乡关何处》如饮烈酒,这酒由泪水酿成,入喉辛辣,难以下咽,入肚之后让五脏六腑都翻腾不已,但苦痛过后，又有甘甜，多少人就是依赖着这一点点的甘甜，支撑着熬过鬼门关。人活着需要一种信念，但信念需要坚强来支撑，在万念俱灰的时候，信念如风中之烛，想要保持它不灭，需要具有难以想象的顽强的生命力。

从书名看，《乡关何处》追寻的是故乡的踪迹，但苦难之人怎会有故乡？他的心灵早已成为自己的故乡，他和自己的故乡随时流离失所，随时又相依为命。物理上的故乡要么是"必须扔掉的裹脚布"，要么是一堆愁绪的聚集地，对故乡的爱恨交织，会让飘零的人成为怕痛的孩子，要通过远走才能避免疼痛，保留一点思念。曾无数次听说过，苦难是一笔财富，但在看完《乡关何处》之后，却很难再认同这个观点，对苦难有了新的认识：苦难是凭空落下的巨石，它不但会砸毁前行的道路，也会给一个人、一代人留下永难愈合的伤口。如果生命因为平安而显得浅薄，那么我们宁愿要这浅薄，也不要苦难所带来的深重。

这几年苦难之书看了不少，每次读完都久久不能释怀，书中人物的苦难并非只属于他们自己，也属于后人，后人应当继承这笔苦难，并用之时时刺激或麻木或享乐的精神。现在这个年代欢笑不多，泪水更加稀少，我们不得不借助前人的泪水来反思自身的存在，愿这杯泪水酿的酒能呛出我们一点感慨，让每天这过于甜腻的、虚假而重复的生活，因为重新拥有疼痛而变得沉甸甸。

（《香港文汇报》2012年8月6日）

唤醒对"人情"亲近的愿望

谈人情,往往第一个联想到的是"人情世故",是规则之外不可见光的"曲径通幽",也是一种假借情感名义的利益交换。和诸多被污损的词一样,"人情"所形容的那种人与人之间简单与美好的交往,以及"人情"本质上应该散发的温暖味道、柔软气息,渐渐地都感受不到了。

台湾著名编辑丘彦明,以"人情"为主题,在大陆出版了一部名为《人情之美》的著作。丘彦明曾任《联合报》副刊编辑，《联合文学》执行主编、总编辑。这本书记录的是她在职期间与一些台湾文化名人的交往。丘彦明身处台湾文学黄金时代，通过她的笔触，除了可以直观地了解到有关台湾文学的一个侧影，更可以近距离地发现台湾出版创作界的人情味儿。

编辑谈作者，最好的切入点是文学与创作，这是职业与专业方面的事情。书中有一些访谈文章，的确是谈写作经历和感受的，但主要篇章都是在谈编辑与作者的交情。20世纪70年代末，丘彦明进入纸媒从事副刊工作，这使得她有机会接触到一群文人以及他们的弟子辈作家。除约稿关系之外，丘彦明以朋友甚至亲人的身份所记录的台湾作家群像，为读者了解这些作家的精神与内心世界，打开了一个独特的通道。

《人情之美》中有一些读之令人震撼的文章，即丘彦明记录了一些著名作家在世最后几天的状况，当梁实秋、叶公超、吴鲁芹生命垂危之际，丘彦明可以握着他们的手，送他们最后一程。当梁实秋刚刚病逝，医院急着往外赶人的时候，丘彦明不禁为一代文学大师的遭遇愤慨，记录下了这个细节，也唯有亲人式的情感，才会对此如此在意。

在书中，丘彦明还写到了大陆读者十分熟悉的两位女作家——张爱玲、三毛。张爱玲在写作方面的雅致、细腻、规矩，经过编辑的视角呈现出来，令人印象深刻，而三毛在西班牙接待来访的丘彦明，则还原了《撒哈拉的故事》《哭泣的骆驼》等书中那个多情、洒脱、浪漫的三毛形象……如此种种，读《人情之美》，能大概知晓过去几十年台湾的文学地图，也能领略到被这幅文学地图覆盖的台湾作家群的生活场景。

读这些被称为故事也好或者追忆文章也好的内容，感觉是熟悉而亲切的。不同地域的文学形态各不相同，但文学传承以及文人之间的情感互动，在极大程度上是相似的、重叠的。想到文人之间的人情，有两个故事令人印象深刻：一是倪匡提携古龙，古龙刚出道时并不被人重视，比他出名早的倪匡喜欢古龙的文风，不但邀请古龙在他主编的《武侠与历史》杂志上写《绝代双骄》，还向香港著名大导演张彻、楚原推荐把古龙的小说改编为电影，据倪匡自己说，古龙的酒瘾就是跟他一起不断参加饭局养成的；还有一个故事说的是刘心武与王小波，刘心武写了一篇著名的刷屏文章《王小波，晚上能来喝酒吗》，每到王小波忌日就会被广泛传播一次。这篇文章说的就是成名已久的大家刘心武，拜访文学新秀王小波的经历，整篇文章都散发着浓浓的人情味儿。他们的友情，因文学而生，却又超越了文学，成为一种人格上的吸引与欣赏，读来令人击掌，也为之产生一些淡淡的幸福的惆怅。

《人情之美》之所以可读性强，不仅是因为丘彦明文笔朴素，感情真挚，也不仅是因为本书的描述对象是读者熟知并喜欢的作家，还有一个很重要的原因是，它能够唤醒读者对于"人情"的了解与亲近的愿望。"人情"不是只存在于文人之间的，文人的"人情"拥有书卷味，普通人的"人情"拥有烟火味，两者都同样珍贵。

（《中国青年报》2017 年 6 月 15 月）

文字是通往内心最美的语言

因为一段话而喜欢上一位作家的文字,这是很多人的阅读经验之一。了解一位作家也许无须熟读其全部文字,偶然的邂逅便会让读者感到与之心意相通,这已非文字的力量而是心灵的力量。文字是桥,文字是气场,文字是通往内心最美的语言,这是我读张家瑜散文集《我开始轻视语言》后的直观感受。

我在微博上读到张家瑜的文字摘录:"小孩的虚荣就在这点儿小小的细节上。铅笔、铅笔盒、干净的鞋和校服。家里不有钱,但是,我的父亲总让我们有十足的理由,觉得我们走出去,都不怕和人比。而那削好的铅笔每天晚上都静静地被完成,变魔术一样,第二天又有那么美丽的笔尖,加一个好好吃的烧肉便当,上学去。"这段文字轻易唤醒了我的童年记忆,宛若看到小学校园门口的女生,干净的脸上写满自信与骄傲。

马家辉说偷看太太张家瑜的文字"惊为天人",这么说很是可以理解的。因为张家瑜的文字颠覆了读者对港台散文、随笔女作家的固有印象。她的文字来源于生活,但与市井保持着可以称为"敬意"的距离。她的文章一点儿也没有想象里的稳、准、狠,没有辛辣的味道,如一泓清水般自然甘甜,她的书中寻找不到一种叫"文字技巧"的东西,但单篇文章看上去却浑然天成。

更吸引我的不是这些给人以新奇感的文风,而是她字里行间藏着的文化味道。她谈宗教信仰、莎士比亚、侯孝贤和贾樟柯的电影,她从库切的《耻》、钱德勒的《漫长的告别》中寻找笔下故事的投影。

在张家瑜的写作背景里,有国家、地理、小说、作家、电影等关键词，这些关键词取代了旅行、艳遇、棉裙、咖啡、酒吧等，为我们提供了一个有更深意味的女写作者形象，而且是如此好读，一点儿也不高深。

张家瑜的每篇文章都带着自己的观点，很明显的，她的文章是散文、随笔，而非评论。观点性强的文章难免因讲究理性而失去文字的质感，张家瑜很好地处理掉了这个问题，她用信手拈来的阅读素材和生活体验，轻易地就把一个观点轻描淡写地呈现了出来，没有振聋发聩的力量，但却也直白、坚定地摆在那儿，令人绕不过去。这或就是底蕴的作用，底蕴的存在让张家瑜的写作只有从容而没有匆忙，短短的篇幅很是耐读。

张家瑜不是一个爱把自己推到文字前沿的人，文字中出现频率并不高的"我"，只是为了叙述的方便。"我"行走在文字表面，所起到的只是"导游者"的作用，带读者去观察"我"背后那斑驳陆离却又值得信赖的世界。有的作家以打开自己的内心赢得读者，有的作家以打开读者的内心赢得读者，张家瑜无疑是后面一种。读完《我开始轻视语言》，你在认识了一位作家的同时，恐怕更多地认识了自己。

  文字是作家的名片,当然有一些好的作家也有好的口才,但能证实作家实力的还是文字,因为只有文字才更能够穿越语言层面的迷雾,更直接地抵达人们的心灵。有幸读得张家瑜,庆幸日渐寂寥的散文市场,多了一位叙述与表达的高手。

(《北京日报》2013年1月17日)

做生活的修行者

少年时听收音机,记得有一档广播节目的名字叫《心灵甘泉》。那时似懂未懂,心灵和甘泉有什么关系?不过大概也可以了解,甘泉可以解口渴,或许也可解心灵之渴。从那时起,便渴望拥有一种力量,在内心匮乏、困顿的时候,可以有灵泉从天而降,让心灵得以润泽,让生命得以舒展,如今人到中年,仍憾未能有此能力。

最近读了马明博的著作《愿力的奇迹》,这是一部充满禅意的心灵读物。作者马明博借在安徽九华山地藏道场旅行中的见闻,以通俗优美的散文体的语言,结合一个个发人深省、启人心智的禅宗故事,系统介绍"佛陀的智慧与慈悲","给人信心,给人勇气,给人欢喜,给人力量",为读者解决现实生活中所要面对的种种问题提供了有益的参照,能净化心灵,助你脱离烦恼,心生菩提,并对生命充满感恩。

我想,作者是不是和我一样,在寻找那种可以让自己放松、让心灵快乐的力量?不知道他最终是否找到并永远拥有了愿的力量,但通过整本书轻灵的文字,我能感受到他在寻找过程中所呈现出来的愉悦与感激。

著名作家莫言为《愿力的奇迹》所写的推荐语是"我读之后,如饮甘泉"。这句推荐语让我想到,在此世间,无论伟人,还是凡夫俗子,大约都有心灵干渴的时刻。所以,在各种图书中,有一类书永远不会寂寞,那就是哲学家、心灵大师、禅宗学者们的著作,再扩大一下范围,那便是有一个时期大量出现的"心灵鸡汤"作品了。如此庞大的创作群体,隐含着人们的阅读需求,映衬出人内心的苍茫和无措。

《愿力的奇迹》文本相对独特：它既不属于学者著作，也不属于"心灵鸡汤"；它既有着相当重的文学含量，又毫无雕琢、刻意的痕迹。作者与同行的两个朋友南溪、南泉（多么富有禅意的名字），三个人从繁忙的生活节奏里抽身而出，在天地山水间做自由的行者，他们"在大觉寺醒来"，在九华山赏"大地的莲花"，于三生石上追溯"明月前身"，在欢喜地里"陪云散步"……这是很多都市人的梦想，但真能毅然成行者还是少数，大多数忍耐者都还是一边在写字间里心生向往，一边发出无奈的怨叹。

"生活是一串由烦恼和痛苦串成的念珠，禅者是能够微笑着捻动它的人"，在书的扉页，写有这样一句话。不得不说，在生活里做一个真正的禅者是困难的，但追寻一段禅意却是再简单不过的事情。

禅意何在？按照《愿力的奇迹》书中所言，生命无处不充满禅机，生活无时不充满禅意，问题的关键还在于，我们有没有主动寻求给自己解压的方式，去追求更美好的生存状态。而这绝不是说到便可以做到的，面对烦恼和痛苦,并且想要摆脱它们,我们还是要做生活的修行者。

且生活且修行是困难的,但两者却不矛盾。在生活中修行,体会禅家应无所住的境界;在修行中生活,品味酸甜苦辣的人生。既来之则安之,山不过来我过去,对人抱以宽容,对己给予欢喜,如此活着,才谓大自在吧。

"给人信心,给人勇气,给人欢喜,给人力量",合上《愿力的奇迹》,这几句话所传达的意蕴,仍在我心中弥漫。的确,如果"生活是一串由烦恼和痛苦串成的念珠",我现在是否有能力微笑着捻动它?答案在不言中。

(《京华时报》2009 年 11 月 11 日)

像"逃世者"那样生活?

在北京工作的苏娅去了大理,在那里认识了日本的一家人,这家的男主人名字叫上条辽太郎,当地朋友们都称他为六。在观察一阵子六的生活之后,苏娅与六开始了有关旅行、农业、生活、家庭、教育等方面的谈话,形成了这本书《六》。

《六》在文体上说不好是什么,散文、随笔、对话、深度报道、小说……都有点儿像,又都不像,或许将之称为"非虚构"更合适一些,因为苏娅忠实地记录了六在生活细节上的方方面面，六也坦诚地表达了他作为一个日本人为何流浪到中国的心迹。于是，作者与被采访者，一同呈现出一本读来令人喜悦也让人沉思的书。

《六》首先告诉读者，世界上有这么一个群体：他们在世界各地旅行，凭借自己的手艺（音乐、绘画、手工或者干脆就是单纯的打工）赚取旅费，并将之当成一生追求的生活方式。在大理，六的生存技能包括当DJ、按摩（为此还专门去泰国培训一段时间）、种地，而在可以凭借种地养活家庭的时候，六便不做其他的事情了。许多外国旅行者到大理，都先是奔着六而来，他们帮六在稻田里劳作，中午在田间地头用午餐，晚上点起篝火，喝酒唱歌。

自打有"全球化"这个概念以来，"世界公民"越来越多，像六这样走过全世界很多地方的人，在身份上符合"世界公民"的定义，但在其行为诉求上，又不太满足"世界公民"的要素。从个体的视角看，六更接近于我们常说的那种"隐士"，是厌倦了现代社会的"逃世者"。但从六对这个世界的接纳与包容看（他并不鄙视财富，也不厌弃成功），他只是懂得内心要什么的普通人而已。

这很是触动人心。我们也是普通人，也知道内心想要什么，为什么做不到像六那样，居住在租来的破旧院子里，花费一年的时间把它收拾好，租种一亩三分地，栽满粮食、蔬菜与水果，像个农人那样，自给自足，除劳动之外的时间，都用来陪伴孩子、结交朋友、感受自然？我们觉得六的生活很奢侈，可以向往但没法实践，六同样也觉得自己的生活很奢侈，他只是实践了而已。看来，在对生活美好的认知一面，我们与六是相同的。

六的生活是辛苦的，这一点他也知道，但他并不觉得辛苦算什么，因为相对于土地给他的回报，以及他选择这种生活方式所得到的巨大的心灵安宁，这辛苦本身也变成一种有滋味的东西。六对种子很热爱，他会选择把最好的那些庄稼留存下来当种子，这样一来，他自己的种子永远要比从种子店买的要好。六把自己也当成了落在大理的一粒种子，沉潜于地下，吸收水分，挣扎着挤出地面，在阳光与雨露下自在地生长。

六的生活具有可复制性，但不具备可推广性，因为模仿者会轻松地实现六那样的生活——只需要花少量的钱就能办到，但却模仿不了六的那份热爱与执着。热爱与执着才是现代人缺少的素质。城市把人变成螺丝钉，把日子变得千篇一律，并且用专有的那套模式（房子、车子、存款）来定义幸福，大多数人都被定义在里面了，想要冲破这层茧太难。而六，他今年只有31岁，这层茧在他这个年龄之前就不曾有，以后自然更不会有。六的生活，也不是他独创的，他的祖先几乎全部过的是六现在的生活，六不过是把祖先曾经的生活又过了一遍，只不过六活在全球化时代，他成了时髦的样本，成为被人羡慕的对象。六之所以让人沉思，在于他的幸福触痛了现代人的麻木，也带来了现代人的犹疑——重返农业时代，像六那样生活，就真的一定好吗？

不是这样的，如果这么想的话，就掉进了二元对立的陷阱。苏娅与六一起写这本书，不是为了倡导什么，也不是鼓励城市白领马上放下公文包，卷起裤管和六一起去稻田干活，而是想要刺激读者抽点时间质询一下自己的内心：为什么失去了追求本真生活的勇气？六会与妻子吵架，会流泪哭泣，他的情绪和天气一样是自然流露的，之所以六活得如此有底气，是因为他可以与土地对话，与庄稼交流，他有那么多不会说话但却会带来温暖的朋友。而生活在城市里的许多人，打开手机通信录，上千人的联系名单中，有九成以上三年内没联系过，想找一个人喝杯酒，也要犹豫半天要不要拨出去号码。

《六》是一本简单好读的书，它告诉读者，生活的面孔不应该只有一个或几个样子，而是要有几十个几百个样子，每个人都可以在喜欢的生活模式中寻找到自己的安身之地。《六》没有告诉读者怎么突破困境，这不是一本书所能做到的，因为突破困境的技能掌握在每个人的心里。这本书只是告诉你，别再懒惰与等待，这本书的男主人公才31岁就已经活得足够丰富与充实，我们不能在41岁、51岁的时候，还只能徒劳地抱怨堵车、加班、没时间旅行。

（《新民晚报》2018年10月21日）

就像孙悟空遇到赫拉克勒斯

旅行前从书堆中抽出这本《弗洛伊德遇见佛陀》,心中带着一种游戏感,弗洛伊德遇见佛陀?这不等于孙悟空遇到赫拉克勒斯吗?要不就是贾宝玉遇到西门庆,这都哪儿跟哪儿呀?

旅途中读《弗洛伊德遇见佛陀》很有意思,这本书是以"欲望"为关键词,来寻找精神分析与佛教之间的相同与不同之处的。于是,低下头来阅读书中所描写的"欲望",抬起头来看窗外闪过的树木草丛,内心难得地宁静。

我对弗洛伊德有特殊的感情。十六七岁时处在人生困惑期,常在下雨的时候闷在房间里悲痛欲绝,觉得世界一片灰暗,偶尔读了弗洛伊德与叔本华的书,感觉脑海中有一扇窗子被打开了。弗洛伊德帮我了解如何化解心结,叔本华教我如何面对残酷人生。这哥儿俩,一位是安慰剂,一位是手术刀,三下五除二帮助一个少年成功地走出了青春期。

至于对佛陀的兴趣,源自读了黑塞的《悉达多》之后。这本书是在边阅读边赞叹的状态下读完的,内心充满了"佛陀你怎么可以这样"的疑问。当然这疑问中也包含着甜蜜的叹息,因为在佛陀的苦难中,我仿佛看到了自己与许多人的苦难,在佛陀的喜悦中,也发现了自己与佛陀相似的喜悦。

去年因为要写一个以佛陀为主角的电影剧本,一口气在网上买了数本与他有关的著作,读了佛陀诸多的故事,越读越觉得自己竟然敢写佛陀,简直是胆大包大。于是那个剧本在写了一半的篇幅之后,被我自觉枪毙了，因为我无法真正地认识他，了解他，表达他，一动笔就显幼稚，一思考就显愚蠢。

但阅读《弗洛伊德遇见佛陀》缓解了我想要认识佛陀所带来的焦虑。美国著名精神科医师马克·爱普斯坦也就是本书作者的文字太接地气了，他用朴素易懂的语言，以及深藏起来的那么一点点幽默与调皮，把弗洛伊德与佛陀请到了他的书里来。当然，这两位是不可能以对话的方式交流的，爱普斯坦就担任起了"翻译"的角色——先牵线搭桥，互相介绍对方，再抛出问题，求同存异。

这整本书都在谈"欲望"。弗洛伊德与佛陀显然是谈得来的，因为他们都承认欲望是客观存在的。弗洛伊德爱上妻子的妹妹米娜，为她写下优美的诗句，并秉承爱情至上，与她一起私奔，但结局却是苦涩的。

悉达多爱上名妓伽摩拉时，也宛若痴情的文学男青年，不吝赞美之词，赢得伽摩拉的厚爱，体会到拥有爱情与财富的滋味后，才决定离家出走，寻求生命存在的永恒意义。

弗洛伊德与佛陀打破时间、空间，聚集在一位美国作家写的书里促膝而谈。

虽然一位的言谈是从科学立场上出发，一位则是从宗教的层面发言，但他们的观点有极端冲突的地方却不多，许多时候，他们的说法互为补充，交织在一起，形成了一道新的迷人的风景线。这道风景线的形成，可能和两位大师的内心深处都存有对人类深深的悲悯有关，按照书中给出的观点看，两位已经达成了共识：人因为欲望的存在而生动，欲望让生命充满活力，欲望可以焚烧生命，也可以滋养生命，而控制或消灭欲望的根本目的，都是对生命进行提纯，去体会与感受活着的甘美。

弗洛伊德与佛陀都喜欢讲故事，这是典型的方法论，以故事教化人，总比以理论训诫人要有效得多。《弗洛伊德遇见佛陀》也在讲故事，作者通过讲述弗洛伊德与佛陀的故事，把读者带到东西方两个不同的世界，然后又再次引回到本书的主题原点。

这是一次精彩的"旅行"，懂的人自然会懂，不懂的人（或者说正在被欲望掌控的人），多少也能发现点灵性之光，总不能揣着明白装糊涂对此视而不见吧。

（《中国青年报》2016 年 8 月 14 日）

文学批评的火焰燃烧时需要美与持久

这是一个致力于"杀死"批评的时代。批评先是经历了刃尖的折断,后又被"圈子主义"与"文学商业化"不断磨砺,批评处在不断被压缩与围追堵截的状态。这些年不断有"文学已死"或"批评已死"的声音传出,表达的都是一份失望,其实骨子里人们都还暗自期望着"文学与批评"都能够活得精彩。

最近上海文艺出版社出版了一套名为"微光——青年批评家集丛"的书,一共六本。其中一本是木叶的著作《水底的火焰：当代作家的叙事之夜》（以下简称《水底的火焰》）。木叶长期从事文学批评写作。人如其名，木叶如巨树上的绿叶，春去秋来，持之以恒地发出自己的声音，在文学的大自然里，表达着对作品与作家的关注。

在《水底的火焰》中，可以观察到木叶的文学批评是倾向于当代作家的。他有着自己文学审美层面上的倾斜，体现在本书中，就是对苏童、格非、余华、韩东、孙甘露等南方作家给予了更多的视线。或许，由北入南并久居南方的木叶，更容易发现并寻找到上述几位南方作家的写作密码，木叶在对这些作家的创作进行提炼、分析的时候，何尝不是通过自己的批评文字表达一名批评家的文学观和世界观？

这几年崛起的几位青年作家也进入了木叶的视线，比如冯唐、路内、阿乙。冯唐、路内、阿乙的写作是时下非常有意思的现象，从文字风格看，他们的作品都有着鲜明的纯文学衣钵，有内在的格律，有严苛的文学审美，但同时他们的作品又往往能够借助媒体和新媒体到达读者，更进一步说，他们是"文学与商业"唇齿相依时代诞生的具有代表性的作家。作为活跃的文学批评家，关注这些作家的作品，是保持思想活力的必然。

相较于评论几位成名已久的南方作家的创作，我更喜欢阅读木叶对冯唐、路内、阿乙等人的点评文字，因为在阅读这一类别的文字时，可以鲜明地感受到，作为批评家的木叶，他的文章真正融入了时代情绪，使用了与当下完全同频的语言。对作家生活经历以及社会评价等方面的了解，使得木叶能够更到位地进入批评对象的创作内部，挖掘并呈现出他们的创作动力究竟源自哪里，以及他们的得失与文学启示。

韩寒、安妮宝贝等网络时代走红的流行作家，也走进了《水底的火焰》这本书。当阅读完这部分内容时，会发觉木叶所选择的评论对象都有一个共同的特点，这个特点便是"活力"。这种"活力"不但体现于所评作家的活跃度方面，也体现于他们的作品不约而同所刻画出来的一种文学图景。正是这批年龄不同、风格不同、文学理念也有不小差异的创作群体，简要地告诉了当下的读者，文学是什么，以及文学在阅读进入碎片时代之后的功用是什么。

关于木叶的《水底的火焰》，封底有一段文字，很好地介绍了文学批评家的价值——优秀的文学批评，需要灌注"知识、善意与勇气""并且，力争在知识中加入眼界，在善意里蕴含公心，在勇气里追求准确"。好的文学批评家，就是要在一片唱衰的声音里，给出一种出路、一种希望。

文学批评需要一份匠心。曾几何时，文学批评是"我的纸里包不住我的火"，但木叶这部著作的书名，也表达了文学批评的另外一种形式，"水底的火焰"燃烧起来可能并不容易，而一旦被点燃，将会恒久地持续下去，我们希望看到文学批评这团火焰燃烧时的美与持久。

（《河北青年报》2018年4月17日）

说不尽的欲望与诗

是简简单单地看一次电影,还是在电影里活过或爱过一次?想想《春天对樱桃树做的事》,你就能轻易找到答案。

好的电影不敢一次看太多,就像找到对的人,一次只能爱一个。但春天与樱桃树的关系不是这样——春天浩荡,樱桃树有许多。观影人,谁敢把电影比作樱桃树?谁又敢把自己比作春天?

在晚春下午阳光里读影评人阿郎的影评集《春天对

樱桃树做的事》，有种舒适的倦怠感。书中收录的那些情爱电影大约一半看过，一半没看过。文字的好处是可以过滤掉那些让你昏沉的情爱体验，给你一个通达透彻的答案。

对于懒惰者来说，绕过过程知晓答案，是件省心的事，如同浪子绕过爱情直达床畔。

阿郎写作这本书所花费的时间长达8年。8年看这么些电影，写这么些文字，不算多，所以他的文章给人一种"沉舟侧畔千帆过"的感觉。一静一动，以静制动，他是沉舟，电影如千帆。

读过本书，情感再黏稠的人，也会产生点"片叶不沾身"的跃出感。

阿郎的文字口头禅是"喜欢极了"，这四个字在阅读过程中常常被捕捉到。比如他在评论《巴黎野玫瑰》时写道："喜欢极了贝蒂出现时的场景，镜头缓缓摇升，全景，阳光明媚……"在评论《年轻的亚当》时写道："喜欢极了影片开头，水波潋滟，一湖如碧，一只高贵的天鹅骄傲地游弋……"

在我所了解的语意当中,阿郎的"喜欢极了"并非单纯是字面层面的"极致的喜欢"。这四个字还包含有诸多微妙的表达,比如欣赏、震撼、享受、愉悦、动心、神驰……但当这些包含了嗅觉、触觉、味觉等在内的敏感气息,被归于"喜欢极了"这种朴素的、口语化的表达之后,读者也产生了心旌摇荡的感觉。

如果在职业上做一个比喻,阿郎不像是一位影评人,而像一位放映员。他抚摸着并不存在的放映机,用语言勾勒画面,为读者"放映"那些让他在深夜里觉得眼花缭乱的故事。他要克制自己激动的情绪,尽量用速写的方式描绘出那些色香味俱全的场景——在电影审美方面,阿郎对画面与场景的关注似乎要多于台词。

"影片的第一个镜头就是艾曼妞起床,那是一个华丽而凌乱的房间,化妆镜和巨大的床铺遥遥相对,化妆镜左手是寂寞的沙发,在餐桌边垂头丧气,餐桌上的残羹冷炙暗示昨夜曾经的狂乱。可以想见,我们的主人公怎样在桌前和人举杯,并怎样在那个夸张的大床上,度过了昨夜。"这是阿郎在《艾曼妞》中的一段场景描写,这不是对画面的复原与再现，而是灌注了个人格调与情感之后的重新创作。这也不是对电影的一种解读，而是用小说家的口吻和侦探家的心理，带读者进入电影，参与电影。

"她的睡裙不敬业地散落开来，耀眼的肌肤在午后的阳光下生机勃勃"，"回忆有时候太过孱弱，抵御不了短小精悍的真相光临"，"食物、爱欲、子弹以及那天早上的阳光"……

阿郎在他的影评文字中，融入了许多诗的语言。这种语言风格散落于他的全部文字当中，与他描述的那些电影画面相得益彰。几十部情爱电影被凝结为两个关键词"欲望"和"诗"，诗成为阿郎解剖故事人物、欲望世界的手术刀，而诗也恰恰调和了电影作品那些指向纷乱的价值观，让那些已经位列电影长廊中的艺术形象拥有了永不褪色的外衣。

作为本书作者，阿郎拥有冷静的眼光和安静的笔触，但却能够敏感地发现电影里角色内心深处的热烈，因此阿郎的身份既是作者又是媒体。作为作者，他从第一观影现场带来丰富感受；作为媒体，他对扑面而来的影像洪水进行加工，捧给读者最有价值的内容。这大约也是影评人的价值所在。

《春天对樱桃树做的事》作为一名影评人所交出的答卷，里面写满了所有影迷都感同身受的爱。

（《香港文汇报》2017 年 5 月 8 日）

人间一直悲欣交集

"人间"是个特别古老的词。古人觉得神、仙、佛都在天上,所以把他们称为神人、仙人、佛人,而人在地上,有人的地方便称人间。对于人间,自古以来文人墨客赋予了它复杂的况味,唐诗宋词大多写的是人间事,近现代王国维"最是人间留不住,朱颜辞镜花辞树"和林徽因"最美人间四月天",还时常出现在当下流行文化中。

诸如《红楼梦》《西厢记》《镜花缘》《聊斋志异》

等名著，哪一部写的不是人间的故事，哪一部又不是在诠释人间的含义？所以，中国人对人间事的见多识广、见怪不怪，是很自然的。即便如此，在读到薛晓萍所著的《人间最后一封信》时，还是被里面的11个故事震撼——时光荏苒，岁月变迁，人间的悲伤欢欣换了个模样，但滋味却一点儿没变，让人拍案，让人沉默，让人感动，让人无奈……当然，也让人不至于失去希望。

出生于1956年的薛晓萍，在三位至亲去世之后，出于悲伤与内疚，她注销了自己的两个事务所，专职做养老机构的义工，关注老年人的日常生活与精神状况。她的新书《人间最后一封信》，以11位老人的遗嘱为出发点，讲述了这群从60多岁到八九十岁的老人对人间的最后一点惦念，全书用非虚构的写作方式，把一个话题硬生生地推到读者面前：人间究竟值得不值得走一回？

农村老人的养老困境经过媒体的报道，已经不是什么新鲜事，但《人间最后一封信》中写到的老人，大多数居住在养老机构，退休之前，也多拥有体面的职业与收入，最不济，也有一套价值不菲的拆迁房留给子女，但令人惊诧的是，城市老人所遭遇的亲情困扰与情感缺失，与农村老人大致相同，尤其是晚年期望子女的关心而不得这个冷酷现实，更几无城乡差别。

因为母亲难产而死，爸爸当初没有选择"保妈妈"，女儿恨了爸爸一辈子；因为不可控的外部环境变化，导致留给子女的财产"分配不公"，儿女记恨父母10年；在占领了父母的房产之后，儿子与儿媳再也不搭理住养老院的母亲，这位母亲的全部情感只能寄托在一只小花狗身上，遗嘱中写道，死后存折里的12万元，全部留给狗……

在这些故事当中，能读到一个浓重的社会情绪，这种情绪或可被称为"厌老"——不但老年人自己"厌老"，为人子女者的"厌老"行为也绝不是个例。为何那么多父母与子女之间，会因为财产、家事而成陌路甚至反目成仇？这是一个非常复杂的课题，这当中，既有家长有意或无意间犯下的过错，也有子女人性麻木、情感冷酷使然，更重要的是，当事人往往会将家庭矛盾当成"隐私",并不愿意为外人知道,这导致更多的悲剧寻找不到内因与外在的解决办法,无形当中为局部的社会氛围增加了火药的气味。

《人间最后一封信》的文笔真实、朴素,它打开了一个不为人知的盖子,盖子下面,是无数城市老人孤独的背影与无声的呻吟。这些故事会让人产生一种怀疑:人间究竟值得不值得走一回?这是作者薛晓萍的追问,是她笔下老人的疑问,也是读者的诘问……人活到最后,难免都会问自己,来人间走一遭值还是不值?我们期待的答案都是前者,可真实的境况却是,会有很多人选择了后者。

最后一封信,在人间写,写给人间,其言也善,其情也悲,有控诉,也有忏悔,有绝望,也有和解……只是,这封信作为遗嘱,情感浓度太过黏稠,令人不胜唏嘘。1942年10月10日,弘一法师临终的前三天,写下的"悲欣交集"四个字,成为他最后的绝笔。关于这四个字的解读,后人有诸多说法,其中有一种说法是,这四个字更多地指向"圆满与欣慰"……《人间最后一封信》

这本书的内容,也可以用"悲欣交集"来形容,只是读完之后是否能感受到"圆满与欣慰",不同的读者会产生不同的理解。

无论值得不值得,人间困苦离愁、欢乐喜悦,大致上都不会有太大的变化。人们体会人间百味,更愿意阅读苦的故事,来警醒自己别"当局者迷"。人在时间面前太渺小,人间的事,很多时候不得不交给时间去验证,值得也好,不值得也好,先把时间熬过去,回头再看才有醍醐灌顶的感觉。所以,读《人间最后一封信》得到的最大感悟仍然是:活着,无论遭遇什么都要执着地活着,不枉人间走一回。

(《中国青年报》2018 年 7 月 24 日)

不敢读史铁生

昨天晚上,今天早晨,都在读史铁生的《病隙碎笔》。这是第一次认真读他的文字。之前知道他有篇著名的《我与地坛》,但因为读书一直挑剔的这个毛病,始终没有找来读过。初翻《病隙碎笔》,觉得是本可以读下去的书。

事实也是如此,在迅速地读了110多页之后,阅读经验告诉我,一本能令我以如此速度阅读的书,肯定是符合我的阅读趣味的,这本书的语言、行文方式,包括蕴藏的思想、观点，在很大程度上和我是不谋而合的。有一个瞬间，甚至有搜集他全部作品阅读的冲动，但整本书看完，还是决定放弃了。因为这是一本好书，却也是一本沉重的书，一本让人窒息的书。

史铁生的这本随笔让我想起另外一位作家余华，他俩的书有一个共同点：沉重。不同的是，读余华沉重之余有快感，读史铁生沉重之余却还是沉重。在书中，史铁生重复最多的词语是上帝、佛、残疾、黑夜……坦白地说，我不喜欢这些，我对上帝有敬畏之心却无亲切之感。

对于佛，我也一向没有感觉，在我眼里，佛所说的极乐世界是捉弄世人的东西，香火缭绕、果盘供奉、大腹便便的佛是享乐的象征，而享乐又和奢华糜烂相连。对于残疾，怎么说呢？无论从哪个角度，这好像都是不可说的，人有肉体的残疾，更多是精神的残疾，没有人可以保证自己是完美的。所谓正常人对残疾的怜悯是世界上最廉价的感情之一，因为你精神上的残疾可能更严重。至于黑夜，那些个比白昼更容易产生伟大思想的黑夜，却又隐含了无数的阴暗……

中国的作家，包括余华、王小波，似乎都有一个偏好，都喜欢旁引佐证，引用国外作家的语录，有的通篇读下来，只留下一干人名混沌地塞在脑海里，心中难免失落。我承认这只是个人的阅读趣味，但隐约之中，却是自己对喜欢的作家寄予的一些期望，期待他们能成为拥有自己思想的人，而不用利用别人的话语来充实（证明）自己的观点。

如果史铁生能够剔除掉文中时不时出现的引用，将会勉强达到我这个近乎无理的要求。的的确确，他是在思考着的，从第一个字开始，到最后一个字结束，他无不在将自己冥想中得到的东西以写作的方式呈现出来，这是一种创造，痛苦的创造。尽管他一再试图证明自己是超脱的，不痛苦的，但是文字是有灵魂的，在这个世界上，没有任何一个灵魂不痛苦。

决定不再读他的书，不是因为不喜欢他的书，也不是不尊重作家本人，而是我——作为一个想从阅读中获取感悟和乐趣的读者，只在他的书中得到了前者（这种感悟带来的更多的是锥心的刺痛），而失去了后者。史铁生让我看到了人的脆弱，让我理解，其实人的坚强也是一种脆弱。如他所写的那样，恺撒大帝都会因自己的女人重病不治而哭求上帝，谁还敢说自己是坚强的？还如他所说的那样，世间的悲喜都是上帝安排的迷局，人的命运就是尘埃的命运。史铁生的书，没使我看到他的坚强，却让我看到了自己的脆弱。

看这本书之前，我是愉快的——世俗意义上所谓的快乐，在悲观者看来，也是蝼蚁得到一粒米粒那样的短暂的快乐。按滥俗的哲理故事指引，人们应该珍视这样的快乐。而我却在这样的时候选择读一本被人们所认为的坚强的人写的脆弱的书，掩页间，说不上悲凉，说不上难过，说不出什么情绪，心如同处在一个失重的空间。但可以肯定的是，方才还活跃着的快乐，此刻是没有的了。

（《永远的史铁生》，华夏出版社，2011年4月）

影评人是知识分子的第三身份?

读到周黎明新书《一秒24格》的时候,特别留意看了一下作者介绍,排在"影评人"之前的,是"双语作家"和"文化评论人",这蛮有意思,在不少知识分子那里,影评人的确不过是他们的"第三身份"。

阅读这本书的间隙看手机,发现这样一条信息:热映的《我不是药神》观众已突破8000万人次,而且这还不是终点,它有望向1亿观影人次冲击。电影的话题性,为《我不是药神》带来了成千上万篇来自媒体、影评人与影迷的评论，但蹊跷的是，知识分子群体对它保持了集体的沉默。

中国的知识分子缺席电影评论已经很长一段时间了。能回忆起这一群体普遍关注的电影，还要追溯到张艺谋2002年《英雄》公映时所引发的大讨论。此后虽偶有类似《一九四二》这样的电影进入知识圈，但多是个体发声，群体讨论的热烈现象很少见了。

造成这个现象的原因并不复杂：一是社交媒体平台的频繁更迭制造的喧嚣与浮躁，已经容不下有思想深度与批判精神的声音，撤离或者识趣地自我隔绝，成为知识分子的主动做法；二是现实题材成电影创作的凤毛麟角，过度商业化、强调消费属性的电影无法承载有价值的评论。

提到这些背景，是因为周黎明这些年来虽然以影评人为大家所熟悉，但他的写作却一直是从知识分子的角度切入的。只是与其他人有所区别的是，他在美国的工作经历，使得他的评论角度更多地喜欢从好莱坞切入，并且以东西方文化差异为主基调，把笔下的每一部电影都当成解析两国文化与思想、社会及人性的镜子。他的影评写作，符合知识分子谈电影的格局——在任何时候，他们的视野都不会只被一部电影的主体形象所阻碍，从电影出发并永远高于电影，是他们共同的写作追求。

电影产生100多年来，"一秒24格"固定不变，这是胶片载体的制式所决定的，谈论电影的"一秒24格"，可以等同于谈论电影的基本常识。"一秒24格"是规定，是限制，但一切创造也恰恰在此约束下完成，这正是电影的魅力所在，决定在这24格上铺满什么成为判定电影人创意水平高低的关键。优秀的电影评论，可以被认为是电影的第25格，它独立于电影之外，但这一格，会丰富电影的信息量，延长电影的生命，使电影更紧密地镶嵌进人们的精神生活。

周黎明的这本书所评价到的电影，近两三年来公映的新片占了很大比例，比如《少年派的奇幻漂流》《爱乐之城》《爆裂鼓手》《海边的曼彻斯特》《逃出绝命镇》《敦刻尔克》等，在观察与写作的时效性方面，周黎明是紧密又高效的。美国作家、女权主义者贝尔·胡克斯，她的第三身份也是影评人，她有一个观点，"电影的视觉快感是询问的快感"。在周黎明的影评文字中，"询问"也是一个关键词，比如，在他心目中并不算出色的《爱乐之城》为什么获得了好莱坞的狂热爱恋？《爆裂鼓手》里的师徒关系为什么设置得并不高明但却赢得观众喜爱？《逃出绝命镇》为什么比想象中的还要高级？……从询问出发，将读者带离观影印象，站在更远一些的地方重新审视这些电影，往往会有新的发现。

知识分子开始少谈电影甚至不谈电影，不只在中国是这样。有一篇名为《美国的公共知识分子怎么了》的文章，对"书呆子"没法提起对公共话题的兴趣进行了梳理，文章怀念被称为"美国知识分子首席歌星"的作家苏珊·桑塔格。作为影评人的她，曾写过不少优质影评，对科幻电影的套路有非常专业的认识，甚至在活跃的时代，还曾与美国著名影评人安德鲁·萨里斯、宝琳·凯尔进行过"决斗式"的观点大战……最后，这篇文章将美国知识分子的"懒惰"，归因于"有线电视的新闻战争与脸书上的互撕"以及"美国超过三分之一的人拥有四年制的大学学位,导致了思想讨论的潜在市场变大"——说白了就是有文化的人多了,人们不再需要知识分子的教育与影响。

记得微博刚兴起的时候,这个崭新的媒体阵地,有过数位知识分子在此撰写影评,现在他们的微博有的沦为片"荒地",有的十脆消失无踪。没有他们的影评可看,是一种遗憾。因此,坚持写影评、出版影评书的周黎明,显得更加稀缺。电影评论,不能只被"公号体"刷屏,是时候呼唤更多人的归来了。

(《新华每日电讯》2018 年 8 月 3 日)

诺奖经典照亮思想之路

2018年诺贝尔文学奖推迟，或将与2019年诺贝尔文学奖同时颁发，这不是诺贝尔文学奖第一次出现空缺，在过去的诺贝尔文学奖历史上，已经发生过七届没有颁奖的情况。每年诺贝尔文学奖的颁发，总会带来诸多谈资，促进获奖图书的销售，因此，诺贝尔文学奖的空缺，多少都有点令人遗憾。

不过，著名文学评论家、编辑家汪兆骞先生新近出版的《文学即人学——诺贝尔文学奖百年群星闪耀时》，或许能弥补一下这份遗憾。在这本书里，汪兆骞从1901年首届的苏利·普吕多姆到2017年第110届的石黑一雄，都作了全面的介绍、解读与评价。

用"诺贝尔文学奖百年群星闪耀时"作为《文学即人学》的副标题再合适不过，110余位诺贝尔文学奖获得者的名字，已经成为文学星空上最闪亮的星，当然，在这个星群中，也有极具大众知名度的"偶像派"，如泰戈尔、海明威、马尔克斯、鲍勃·迪伦，也有一些名字看上去很生疏的"低调派"，但无论怎样，诺贝尔文学奖都是一道高高的门槛，跨过去之后的作家，都值得读者们仰望，有选择地阅读。

作为一名编辑家，本书作者汪兆骞以平等而审慎的态度，来面对进入他笔下的作家们。在全书中，汪兆骞极少显露对获奖作家的偏爱，他试图用简洁而丰富的信息，在每位获奖者所占有的简短篇幅里，来呈现他们一生的创作及文学观，整体的文风是庄重、大气、稳妥的。对于想要在一本书中整体把握获奖作家全貌的读者来说，《文学即人学——诺贝尔文学奖百年群星闪耀时》以殿堂式的呈列手段，提供了一目了然的视角。

重视诺贝尔文学奖，但不把文学的审美价值与奖项进行对标，这是汪兆骞对诺贝尔文学奖的态度，卡夫卡、托尔斯泰、马塞尔·普鲁斯特、博尔赫斯、詹姆斯·乔伊斯、鲁迅……这些没有获得过诺贝尔文学奖的作家，完全可以组成另外一个非诺贝尔文学奖作家阵容，而且他们的拥趸也一样庞大。这些年，在国内非常流行的作家毛姆、菲茨杰拉德、村上春树等，也未进入诺贝尔文学奖获得者阵列，但他们的作品对读者在精神与生活方面的影响却都是巨大的。

诺贝尔文学奖是门槛，但它不是一条所谓的文学金线，对于那些毕生致力于文学创作并且在文学史上留下鲜明印迹的作家们来说，为谁而写作，才是驱动他们创作欲望的根本。为国家与人民而写，为内心的狂放与不安而写，为人性的温暖与阴冷而写……终归任何伟大的文学作品，写的都是人的生存、命运、思想。所以，那些愿意在写作中奉献自己灵魂的作家，都是值得尊敬的，通过阅读他们的作品，读者最终能够看清生而为人的真相。

文学需要经典,被贴上诺贝尔文学奖标签的作品,无论是否有争议,都无法排除它们已经进入经典的行列。诺贝尔文学奖是一条道路,站在道路两侧的作家与他们的作品,是闪烁着光亮的路标,沿着这条路走不会迷路这一点是可以肯定的。最近这几年,"重读经典"的呼声越来越高,人们意识到,在碎片化阅读逐渐消解人的整体思考能力之时,唯有经典阅读,才能让大家重新回归心灵的沉静,以抵抗时代的浮躁与焦虑。文学经典作品在包装重印的精致化方面,在销量的稳步提升方面,都让人感到欣喜。更多的人读经典,总比太多的人被捆绑在手机上读机器智能分配的图文值得高兴。

在这样的背景下,可以把《文学即人学——诺贝尔文学奖百年群星闪耀时》当成一本品读书来看,也可当成一本工具书来看,它可以帮你寻找到符合阅读胃口的作家,在"好读与否"方面给你一个快速的判断过程。当然,想要验证自己与某位获奖作家是否建立有情感共鸣，还得真正阅读完他们的代表作品，再决定是否拿来他们的全系著作，深度了解他们的文学与思想境界。

获得诺贝尔文学奖的作家的作品必须读，但无须全部读，通过阅读哪怕有一少部分获奖作家走进了你的内心，都会让你在面对生活时变得强大，毕竟"文学即人学"，现代人所面临的问题与困境，那些优秀的作家们都早已在作品里给予了答案，我们只需对照这答案"按方取药"即可。

（《香港文汇报》2018年12月3日）

让孩子拥有透彻的灵魂

很少看有关儿童教育的书籍。在我的观念里,亲子教育是一种天生的行为,父亲与孩子之间,应该拥有彼此了解的关系。但事实却让我碰得鼻青脸肿,终于有一天承认我并不了解孩子,反倒是认同一种观念:孩子总是了解父母的,他们会自觉地成长为父母期望的样子。

可是这样真的好吗?中国的父母对孩子的期望,无非是乐观积极向上,学习成绩优异,能为父母增光……

这种期望无形当中让孩子肩负了巨大的压力，而父母对这种压力并不知道。于是，父母与孩子便错过了真正成为朋友的机会。

最近阅读了伯特·海灵格的《洞悉孩子的灵魂》，深深懊悔这本书读晚了，否则的话，会找到更好的与孩子相处的方式。海灵格认为，所有孩子都是美好的，这个观点不稀奇，我们都觉得孩子是美好的，但当我们愤怒的时候，就会绞尽脑汁去寻找孩子"不美好"的一面的源头究竟来自哪里。对此海灵格给予了解答，他说，如果有人评价一个父亲——"你是一个酒鬼"，儿子出于对父亲的忠诚，他的灵魂就会发出"我要和你一样"的声音，于是孩子后来很有可能也变成一个酒鬼。

以前我们会认为孩子"有样学样"，当爹的不靠谱，孩子会学坏。但当海灵格说出"忠诚"这个词，做父亲的应该心怀愧疚，那是一个多么纯洁的灵魂，孩子具有了父亲的缺点，本质上却是在捍卫父亲的形象与尊严。而当一个父亲因为儿子的酗酒而大发雷霆时，却不知道，他是在对儿子的爱发出强烈的拒绝信号。

我个人的体验是，当儿子很小的时候，流露出一些我身上具备的缺点时，我的情绪是失望与愤怒，如果海灵格的理论成立，那么则可以认为，儿子是在通过这种特殊的方式，在用儿童专有的表达方式，向父亲表达爱与善意。其实在读海灵格的书之前，我就模糊意识到这点了，补救的方式是，通过和他一起玩游戏，在游戏中一起回到童年，用朋友式的交流，来修补曾有的裂痕。目测效果不错。

海灵格这本《洞悉孩子的灵魂》，还提出一个震撼人心的观点：孩子的灵魂，不仅来自父亲，更来自整个家族，尤其是家族中死去的有影响的先辈们，会对孩子的灵魂有着深远的影响。比如，如果一个人的祖父或者高祖父，曾经在家族中有过很好的名望，或者很有名的劣迹，那么他的形象与言行就会被传播开来，后代的某个子孙，就很有可能被其祖父或高祖父的灵魂影响，成为先辈的隔代传人。

这让人沉思，灵魂是否真的可以穿透时空对一个孩子造成很大的影响？用现实主义的眼光看，人们更愿意承认是基因、生活习惯、家庭氛围、家庭文化的影响，而不愿意将之归类于灵魂的传承上。但在《洞悉孩子的灵魂》这本书里，海灵格记录了无数个"家庭系统排列"故事，以此证实灵魂的隔代影响。

具体地说，"家庭系统排列"是针对一些精神、情感上需要帮助的人展开的。海灵格的帮助对象，多是精神病患者或者发生过命案的家庭。在他的"家庭系统排列"案例中，海灵格会安排代表人物来饰演与求助者关系密切的家族成员，在一番对话后，求助者会按照海灵格的提示，去拥抱那位代表人物，而那个人代表的，可能是求助者死去多年的远方亲戚，也可能是求助者不愿面对的父母姐妹。在完成拥抱动作后，求助者的内心困扰通常会得到缓解，灵魂困惑会得到解决，因此，海灵格的心理治疗便能够收到出奇的效果。

坦白说，我个人并不太能够接受通过"家庭系统排列"来治疗心理问题的方式。但"家庭系统排列"的确在心理学界拥有不小的影响力。当然，也有可能是我对这种方式抱有无法言说的抗拒心理而已。

有一点是可以肯定的，"家庭系统排列"针对儿童的那部分内容，可以让父母发现孩子的灵魂所承受的重压，那是孩子无形当中或者无意当中接纳了某种飘忽而又沉重的压力导致的。因为表达能力不足的问题，孩子没法发现也没法说出自己的压力究竟在哪里，但如果父母通过"家庭系统排列"，从几代家族成员身上发现导致孩子内心压力的源头，父母就可以主动介入，帮助孩子承担这部分压力。当孩子的内心压力被父母承担后，孩子就会立刻恢复到轻松状态，过上无忧无虑的生活。

这还真是一个蛮值得关注、值得去试验一下的事情。我们大人都希望孩子拥有一个透彻的灵魂，这个灵魂纯粹、高尚、轻盈，富有爱意。当我们产生这样的期望的时候，一个事实已经诞生了：我们本人并不具备这样的灵魂。那么，如何让孩子最大可能地拥有透彻的灵魂，海灵格给出了很多的建议，比如，心照不宣的爱，恰当的语言，好的良知，对灵性场域的捍卫，等等。可能没人能够全部做到，但如果意识到了，可以按照这个方向去努力,那么真的很有可能让你拥有一个眼睛明亮、语言温暖、行为和善的孩子。

  读完这本书后,我经常和上了高中的儿子在休息时间玩几把电子游戏,我当然不是对手,怎么努力都打不过他,输了之后气急败坏。他也不愿意对父亲手下留情,在游戏中一次次战胜了我。在生活里,他有时候会像三四岁的孩童那样,拥有天真和善意的笑。当然,我不会感谢海灵格,我坚持觉得,是自己的灵性帮助了自己。

(《天津日报》2016 年 10 月 17 日)

一只不那么聒噪的乌鸦

在缺少异类的文艺圈,张广天一直保持着他的"癫狂状态",时间在这位出生于1966年的创作人身上仿佛失去了魔力,诗歌、音乐、哲学思考是助他保持年轻的原因所在。他的话剧作品《切·格瓦拉》《圣人孔子》《圆明园》等虽缺乏故事性,却充满诗性和思想性。

张广天新近捧出了这本《手珠记》。这本书花费了三四个月的时间,内容汪洋恣肆,但在具体谈到某事某物的时候,却又十分精短,读来有大珠小珠落玉盘之感。

作者解释书名时称灵感来自"手算和珠算",但对读者来说,书中文字更像一串檀香手链,可以逐颗把玩。

张广天思维的繁复庞杂到了惊人的地步,在文字书写中,他放弃了在戏剧作品中对韵律、美感的追求,一任思维如瀑布流淌宣泄。但他偶尔也至简,《手珠记》中不乏这样的文字:"心本软,入风见尘则硬","只是忽然闻到一种气味,野蔷薇的,或者刺莓的,心里就又有动静被唤醒,人顿时清澈起来,好多事就都懂了"……

这部分至简文字来自作者的孩童天性,他的身上从来不缺少孩童式的纯真,但同时也纠缠些或许可以用"魔性"来形容的气质。所以在《手珠记》中可以看到少年的纯白衣衫,听到诗人的忧愁吟唱,也能感到来自暗黑思维空间的冷风,从唇齿之间极速穿过的啸叫……这本书如果可以被比喻为木质珠链,也完全可以被形容成铁质枷锁,在解放与桎梏之间,作者在痛苦而艰难地对外倾诉。

张广天似乎要站在哲学、宗教、信仰之上,来重新审视困扰众生的问题,他不甘于做一个旁观者,而想要得到令自己感到清醒的答案，唯有把自己投身火焰之中炙烤。好在，读作者这些思维飞溅的文字，并无焦灼苦痛之感，快速的书写制造了语言的快感，这种快感也适当地消减了阅读的头痛。

严格说来，《手珠记》上架的书架类别应为"哲学"而非"文学"。这位曾被命名为"先疯导演"的创作人，身上有浓重到不可开解的宿命感，他屡次成功挑逗读者对他痛下杀手，而他选择骂不还口。在戏剧人纷纷转向市场开始制作"好看有趣"的作品时，他还死守着自己的哲学枯树，甘愿扮演一只不那么聒噪的乌鸦。

"菖蒲花好漂亮，哥哥也好漂亮。花有声音吗？那哥哥有声音吗？"翻这本书，竟数次翻到张广天女弟子武玮写的那首歌词。张广天说他喜欢这样的表述，其实读者也喜欢这样的表述。如果张广天能把自己的才华全部用在诗意创作上，那么读者和观众将有幸阅读和欣赏到更多濯目净心的文字和戏剧。

（《出版广角》2014年第23期）

悲凉的爱情花朵

多数人对于中国情爱故事的了解,限于《红楼梦》《梁祝》《西厢记》《白蛇传》等经典作品。在过去漫长的时光里,古代中国堪称"情爱大国",市井民间流传着才子佳人的佳话,口口相传的创作方式,也加入了劳动人民最朴素的情感。

在这些经典大故事散发着夺目光辉之余,也有无数小故事散落于各种志异典籍当中,广西师范大学出版社最近出版的《深情史》,就把这些小故事捡拾起来,串成了"珠链",形成了一本可以当作"中国古代情爱史"看待的书。看了一个两个情爱故事,就忍不住好奇心想要一直读下去,好奇心产生的动力是,想知道那些古人们在或明或暗的时代里究竟是怎么谈情说爱的。

《深情史》里记录的故事,来自《搜神记》《异闻总录》《潇湘录》《本事诗》《青锁高议别集》等著作,这些在当下读者心目中应该被束之高阁的古书,并不全然与爱情相关,甚至爱情故事所占比例很低,只是少数篇目的主题或个别篇目内容的组成部分。《深情史》的作者刘丽朵,饶有兴趣地把那些情爱故事与描写打捞了上来,用一名现代女性的视角,重新编排创作了一下,于是那些在过去带着些许风雨、些许霉味、些许惊悚的文字,便有了一些高级香水的味道。读着读着会恍惚觉得,书中人物竟婀娜多姿地走到你的面前,用平静的语气与你款款而谈。

《深情史》写的多是这样的故事。比如《看不见你》所说的是一个40岁名字叫谈生的男人忽然迎来艳遇,一个"长发、腻肌、纤腰"的女子每夜前来与他相会,女子有一个要求，三年之后谈生才可以在白天见她，且晚上相聚的时候，万万不可拿灯照她。在给谈生生了孩子之后的某一晚，谈生没忍住好奇，趁女子睡着后点了灯偷看，结果看到了一个上半身端庄美丽、下半身却是白骨的女子……原来女子是睢阳王故去多年的女儿，本来可以在谈生怀里得到重生，却因谈生的好奇心中断了重生过程——只重生了一半。

《你为什么不爱我》写的是有钱老板吴家的女儿爱上了茶店里跑腿的伙计，相思成疾。苦于无奈，吴老板方上门提亲，哪知道跑腿伙计非但没感动，反而因吴家女儿主动示爱而对她产生了鄙夷。吴家女死后，被盗墓樵夫发现竟然还有一口气，于是樵夫救活她掠回家当了老婆。一年之后吴家女找机会逃脱樵夫监管，飞奔回城里，没有回家直奔茶楼，戚戚然问跑腿伙计"你为什么不爱我？"伙计大骇，以为见鬼，打了吴家女一巴掌。吴家女在其他同样以为她是鬼的人的"围剿"下，匆忙逃走跌下楼梯，这次算真正的死了。

故事的立意不高，但恰恰是这样的故事能够反映古代人们情爱生活乃至社会生活的方方面面。整体上看，《深情史》里的古代情爱可以分为两类：一类是冲破世俗、尽享情爱美好滋味的两情相悦，比如《看不见你》；一类是带有阶级冲突意味，因门不当户不对引发的悲剧，比如《你为什么不爱我》。这两类故事表面上看挺矛盾，同样是古人，为何有人就可以如此不羁地追求情爱，有人却视情爱如洪水猛兽？这大概是中国文化当中一个永远难解的疙瘩，它不但是民间文学中的永恒主题，也是经典名著里的恒久表达。试想，假若中国古代情爱故事中少了矛盾性与悲剧，那必然也会减少一些动人的元素，爱情在悲凉中往往能开出更馥郁的花朵。

《深情史》的作者从古代志异中提炼爱情片段，并加以改编，最终呈现了这本书，目的还是想要为这些逐渐被遗忘的小故事赋予新的意义。作为小说文本，作者是明显在场的，或者说，在改编的过程里，通过言语构成的文字的气质，已经有了作者的立场——或怜爱，或痛惜，或褒扬，或批判。阅读完全书，也大概了解了作者为中国女子描绘出的虚拟画像——她是温婉的、坚韧的、美好的、专注的，但归根结底来说，她是深情的。所谓的《深情史》，是由女性角色担纲主角的情爱历史，在这部"历史"中，女性角色的面庞是清晰的、立体的，而男性面孔则是模糊的、暧昧的。民间有俗语，"痴情女子负心汉"，这不是一句无谓的喟叹，而是上千万情爱经验积累的结果。

回望《深情史》选材的原著，会发现古代最擅长写情爱故事的绝大多数都是男作者。这些已经作古的男作者，其实是颇有女性主义立场的，虽然时常避免不了会在故事里带进去不少大男子主义色彩，但客观地评价，追求男女平等、爱情至上，一直是中国情爱写作史的主旋律。遗憾的是，很难从蒙尘典籍中找到女作者撰写的情爱故事，因此也失去了比对机会。但就算小规模地发现一些，最终的结果，恐怕会比男作者们写得更加悲凉吧。

"因为格外地爱着一个人，所以才去吃那些苦。"《深情史》的作者刘丽朵如此总结道。这句话，也可以视为这本书的价值观。在"爱"本身之外,那些传奇、志异,乃至鬼魅、惊悚的故事成分,都淡化成了背景,唯有"爱"才能够让当下的读者感到心动或心碎。

(《燕赵都市报》2017 年 10 月 28 日)

在理想的下午,饮酒还是喝茶?

人为什么愿意旅行?理由是千奇百怪的,比如,换个地方睡觉。还有,拍了照片发完朋友圈就走。还有的人,已经辛苦学习了三年英语,为的是到异国他乡能与当地土著有深度交流,在英语学好之前,绝不踏出国门半步。

旅游见品性。有一个说法,结婚之前,最好外出长途旅行一次,如果回来后没分手,那么这个婚就可以结了。我有一个朋友有意思,平时五大三粗,不讲究细节,旅行时却彬彬有礼,口袋里时刻准备小费,从流氓到绅士，仅需要一张飞机票。

以上感想，出自阅读一本有关旅行的书，这本书的名字有点儿奇怪，叫《别生气，我又不是在说你》，不像本旅行书的名，但如果非得对应旅行的话，那么书名的指向，可能是针对旅行中一些不文明行为的。但在阅读完全书后，得出的结论是，这是本温文尔雅的书，没有批评别人的意思。

漫天蛛网一样密布的飞行航线，构建出"地球是个村"的真实语境。梁朝伟"伦敦喂鸽子"作为一种生活方式被彰显，使得那些在地球各个地方神出鬼没的人，身上具备了兼具神秘与平常的色彩，而这类通常被符号化的人物，又逐渐成为底层社会向上层社会靠拢的榜样。于是，他们说什么，做什么，想什么，便成了一种关乎价值观的事情。

本书作者韩国辉通过文字勾勒出了一个知识分子的形象。如果是有意勾勒，那么可以当作作者有意为旅行赋予一种文化的含义；如果是无意而为之，则可视为个人品性、审美趣味的自然流露。我个人的判断是，作者是有意用文化的眼光来打量他所到达的国家与城市的，因为本书当中，竟然一无对著名景点的介绍，二无贴士性质的经验传达，有的是对陌生之地带有温度的感受与观察，以及熟人之间才会发生的那种戏谑与调侃式的交流。

作者写到伦敦，就没有把英国人当外人。写到伦敦人的性格，就重点指出了伦敦人"口是心非"的一面，比如，如果英国人说"真的，没关系的"，千万不要觉得他不介意，他其实是在说"我可能永远都不会原谅你"。有的人进了电梯按了二楼，电梯里的人都会微笑和他寒暄，但在他走出电梯之后，剩下的人则会面色一沉，给出这样的评价："如果是要去二楼，干吗要坐电梯！"在写完这些细节之后，作者说"这样人前一套人后一套对我来说还真的是很有亲切感"，这不等于直白地说，英国人和中国人在"口是心非"方面有一拼吗？

调侃完英国人，接下来嘲讽巴黎人，"如果你讨厌巴黎，是因为你不了解巴黎人。但如果你喜欢巴黎，也是因为你不了解巴黎人"——对于这样的一个说法，作者干脆以自己的经历告诉读者，"反正我从来就没有妄想过自己能了解巴黎人"……对日本的酒鬼,上海的"精致",斯里兰卡的"繁文缛节",柬埔寨的"昂贵与拥挤"……作者通篇叙述下来,语气并不是尖刻的,而是亲切的,仿佛朋友相见,只有捶一拳、骂两声才会显得真正熟稔。

台湾作家舒国治写过一本畅销的旅行书,名字叫《理想的下午》,这本书几乎成为文艺青年旅行的标配,《别生气,我又不是在说你》这本书在文字气质上,其实和《理想的下午》相似,如果说有区别的话,那么舒国治是在他的下午喝茶,而韩国辉则是在他的下午饮酒。喝茶,淡而有味;饮酒,浓而多情。两种看待世界、品味生活的方式,都是可取的姿态。

在一个喜欢的时间段里,于某个你新到的城市一角,喝茶还是饮酒,都是一个愉快的选择。当生活收起无趣阴冷的一面,展现给你看它璀璨光辉的面孔,这个时候微笑便会成为由心至面庞的主旋律。

(《中国青年报》2016年7月9日)

第三辑

历史的杯底

现代文人应该有一点"东坡精神"

我一直认为,对中国文人性格影响最大的,莫过于庄子和陶渊明这两位。李白的豪放浪漫和杜甫的忧国忧民,在当代文人身上几乎找不到一点踪影了。庄子的中庸精神倒是被继承得很好,遇事先缩头,行路靠边走,纸上尚可激昂三分,落实到行动上却不见分毫。不得志或遇挫折时,不习辛弃疾的英雄壮志,不仿岑参的慷慨奇伟,口占陶渊明的"采菊东篱下、悠然见南山",逃世去了。

现代文人缺乏古代文人的钢筋铁骨或狂放潇洒,有着历史、现实等种种的因素在里面,是情有可原的。但大家不约而同地放弃了苏东坡,却有点匪夷所思,因为林语堂说过,苏轼是1000年来历代人都热爱的大诗人,更是他本人最为偏爱的一位诗人,值得所有人敬爱。

出生于970年前的苏轼似乎也早就意识到后人会对他作出如此评价,他在一次与弟弟子由的对话中说:"吾上可以陪玉皇大帝,下可以陪卑田院乞儿。眼前见天下无一个不好人。"这句话的前一句不少文豪诗豪都说过,并无太新鲜之处,而后一句却深深打动了我。

然而,正如林语堂在《苏东坡传》中所说的那样:"他身上显然有一股道德的力量,非人力所能扼制,这股力量,由他呱呱落地开始,即强而有力在他身上运行,直到死亡封闭上他的嘴,打断了他的谈笑才停止。"《苏东坡传》原来是林语堂用英文写作的传记,近日陕西师范大学出版社将其翻译为中文出版了一次,我也有幸能够深入地了解这位自觉得很熟悉,实际上却有些陌生的北宋文学大家。

想到苏东坡，脑海中最先浮现的就是他坎坷多舛的命运。他因反对王安石为首的"新政派"而遭神宗罢黜，后又因"乌台诗案"被人陷害而贬至黄州，垂暮之年还被流放到岭南，几乎一直都处在充满矛盾的党争之中。但林语堂的《苏东坡传》在这方面并未过多着墨，或许是林语堂本身也是一位感受敏锐、心性纯真的文人的缘故，在这本传记中，他着重刻画了苏轼以一个诗人、画家身份与百姓之间交往的趣闻逸事。凭借着自己阅读过苏轼的700首诗、800通私人书简和接近全部的札记，林语堂用洗练的文笔刻画了苏轼这位刚正不阿，既能庄重严肃，也能轻松玩笑的高士风采。

林语堂一口气给了苏轼悲天悯人的道德家、黎民百姓的好朋友、散文作家、书法家、画家、酿酒实验者、月下的漫步者等十多个称谓，总结得出，他是个兼具蟒蛇的智慧和鸽子的温柔敦厚的赤子。这种形象的比喻，一扫以往在我心中沉郁苍劲的那个苏轼形象，取而代之的是一位正直乐观、才华横溢的善良老头子。读罢此书，心境不由豁然开朗，充满愉悦。

书中有两个情节让我动容。第一个情节是经林语堂考证，苏东坡并没有传说中那个精灵古怪却满腹诗书的叫苏小妹的妹妹，倒是有一个初恋情人身份的堂妹，因为两人同姓，联姻无望，后堂妹嫁于他人，为此苏轼专门写了两首只有堂妹才看得懂的情诗。苏轼晚年流放在外，听到堂妹去世的消息后，身患重病仍挣扎着到坟上祭奠，次日更面向墙壁抽泣。第二个情节是为了替百姓祈雨，三番五次上山入庙，并写奏本请皇上提升山神的爵位，事罢又奔波城内外，撰文祈祷，终于迎来一场瓢泼"龙水"，苏轼为之兴奋不已，高兴得像个孩子。能从纷杂的史实当中，分辨、验证有价值的内容，并形象地用现代语言描述出一个生动的苏东坡，是林语堂这本书的一大特点。通过林语堂的笔，我们仿佛看见，刚饮罢酒的苏老头儿在一圈小儿的围裹之下，在月光下笑逐颜开地向我们走来。

"我了解他，是因为我喜欢他。"林语堂如此直白地诉说着对苏东坡的喜爱。通过这本书，我觉得应该有更多的文人重新认识苏东坡。苏轼是放荡不羁的，但他锐利的一面总是面向迂腐生硬的规则。他也狂妄,只是他的狂妄只面对比自己强大的背面力量。他也有一些怪癖,可这些怪癖却更多是他本真性格的一种呈现方式……他有着迷人的魔力,他的魔力就如"美丽芬芳之在花朵,是易于感觉而难说明的"。

文人善变难琢磨,这种毛病古今中外为文者均难逃脱,苏轼是其中较为完美体现一个文人可爱、可敬之处的人,虽与我们相隔近千年,但他的精神值得我们景仰、学习。

(《京华时报》2006 年 8 月 25 日)

第三种品曹操的方式

少年时读《三国演义》,关注的是神机妙算的诸葛亮,侠肝义胆的关云长,甚至是暴躁粗鲁的猛张飞,这些人物都在记忆中留下了深刻的印象。而对于动不动就痛哭流涕,逃亡路上抛妻弃子的软蛋刘备,反复无常、心狠手辣的花面奸臣曹操,是没有留下一点好感的。前段时间因通俗历史热,读了易中天的《品三国》,书读完了,一个崭新的曹操形象在诸多三国人物中脱颖而出并渐渐清晰起来。

在《品三国》中，易中天显然对曹操有所偏爱，用了全书开篇位置和明显多于三国其他诸公的篇幅，为我们勾勒出了曹操"盛世之英雄，乱世之奸雄"的生动形象。史学家讲究的是客观公正，但易中天根本没把自己当史学家来看，他的笔是有喜好的，书中常见为曹操辩护之词，比如他称曹操"非常英明""天性爱讲真话""很多事他也是不得已而为之"。描述诸葛亮的文字就没有袒护之意，相反隐约还掺杂了不少质疑。

相对于《品三国》对曹操的文学化描写和巧妙的拔高，《品曹操》一书似乎更接近史实，刻画的曹操也更贴近那位曾经叱咤风云却又有着常人弱点的英雄曹操、凡人曹操。这是到目前为止最为真实、全面、详尽描写曹操的一本书了——如果不想从浩如烟海的纸页中用只言片语拼装出一个活生生的历史人物的话，那么《品曹操》是曹操粉丝们的一个不错选择。即便没有这些通俗历史书对曹操的还原，正儿八经的典籍中，有一些也是误读了曹操的，在这一点上易中天和《品曹操》

的作者张亚新有共识：历代史籍作者在撰写过程中，难免根据个人的标准和好恶下过一番取舍的功夫。这在给后来者出了难题的同时，也给了他们一个机会。

因为有了各不相同的说法和评价，现代作者不得不煞费苦心从中分析辨别，努力找出更接近真相的说法，但历史的妙处是，哪怕是真假难辨的野史，因为特殊的历史背景，也有一定的借鉴意义。《品曹操》在考证细节方面，正是这样去做的。在有争议的史实上，《品曹操》一书尽最大可能避免了通俗历史书作家借"作者"的身份之便，用一家之言对历史"说三道四"，在引用带有传说色彩的史料时，均明确标示出"传说""据说"字样，以示不欺之意。这种真诚态度恰恰是一些通俗历史书所缺乏的。

寻找历史真相和人物真实性格的过程是艰难的，但其中乐趣，我猜也有不少。借品读历史的机会，作家和学者让公众更多地了解了历史，找到了不同时代的人在群体生活和个体性格上的对应之处。比如我对曹操态度的转变，就意味着自己对历史、对社会的认知也发生了转变。这种转变会直接影响到我们个人身上。

于是,对消失在宇宙尘埃之中的曹操,有了三种品法。《三国演义》中的曹操算是一种;典籍史料中的曹操则是另一种面孔;而经过通俗历史书的"冲洗"之后,一个立体的、形象的曹操才得以丰盈地出现在我们面前。我是喜欢这第三种品曹操的方式的。

(《中国青年报》2006年12月11日)

品魏晋风骨

和阮籍、刘伶饮酒，看嵇康打铁、弹奏《广陵散》，喝得高兴时手之舞之足之蹈之，击掌唱和，吆喝王戎把住手掌算算命……如果问我最想回到古代哪个朝代，我会毫不犹豫地选择魏晋。我因为能喝几杯，是朋友中小有名气的酒徒。但因为爱喝酒而想掺和进"竹林七贤"的说法未免太幼稚了些，所以，请允许我说，是魏晋名士的那种飘然脱俗、孤傲轻狂折服了我。

时光隧道不能穿越，所以上面说的只能是妄想，"竹林七贤"是碰不到面了，但好在可以和写出《魏晋风流》一书的大卫喝几杯。大卫原名魏峰，在《诗刊》做过五年编辑，后隐居北京朝阳区管庄地带编书著文。某日相遇于某清真饭店，在痛饮到地面皆是一片翠绿的啤酒瓶子之后，一向低调内敛的大卫终于展现出了轻狂本色，离席歌之舞之，惹得大排档中邻座纷纷鼓掌附和，感染了一把魏晋遗风。

《魏晋风流》一书原名《魏晋疯流》，是大卫给一家报纸写的专栏结集，我认为"疯流"更符合魏晋时期名士们的形象，风流是属于李煜、柳永之类的，而魏晋名士几乎可以用"无一不疯"来形容，在中国历史上，魏晋属于大乱之时，政权走马灯一样更迭，才子们的仕途难料，只能寄情于歌酒，装疯卖傻，竟然引领了一时的社会风气，成为时尚。一个"疯"字，掩藏了多少苦痛、抑郁和孤寂。

许多魏晋故事，在不同的历史时期，人们说起来都难掩向往之情。那个时代的血与火、诗与歌、愁与恨，无不得到淋漓尽致的挥发，满足了现代人对乱世的想象，对个性的崇拜。大卫在用一个诗人的口吻重新阐释这些故事的时候，加入了诸多浪漫和幽默的元素，用时尚化、网络化的语言，栩栩如生地塑造了一群写博客、上QQ、开公司、搞炒作的魏晋名士们。单是从书的标题上，就可以看出诗人大卫的匠心独运：《嵇康：最性感的铁匠》《向秀：向内秀还是向外秀》《潘安：非常美，非常罪》《司马衷：蛤蟆叫声，公私合营》……

对于通俗历史书中作家学者为古人赋予的现代情感，从易中天开始就饱受争议，读者能接受对历史名人的适度调侃，却排斥过度的哗众取宠。在《魏晋风流》里，大卫的信马由缰和信手拈来却让人没有这样的担心——他并没打算为阮籍编几条绯闻，给刘伶戴一顶耸人听闻的帽子，相反，在他俏皮的文字背后，却能读出几分苍凉和悲伤来，比如邻家女暴病而死，阮籍抱（酒）瓶痛哭，大卫用这样的句子来进行评价："惟有绝望才可以拯救绝望，惟有悲伤才可以抚平悲伤。"在评价嵇康时，他说："嵇康是个铁匠，似乎他把自己也打成了一块铁，红红的……扔进历史这桶凉水里，隔着1700多年,依然能听到铁与水拥抱时发出'嗞嗞'的声响。"

大卫在《魏晋风流》中穿插了不少现代格言和娱乐明星、文化事件,寥寥几语,却巧妙地起到了古今交融的作用,可以时时令读者用现实的情境去品味魏晋风骨。有关通俗历史热的读物有不少,其中不乏优秀厚重之作,但可以用"眼前一亮"来形容的不多,《魏晋风流》算一本。这本书不厚,只有薄薄200余页,内容同样地轻灵,不知不觉就翻完了。这是一本将历史与现实最大程度地进行对接的趣味读物:文字有趣,人物有趣,事件有趣……一个诗人所能提供的语言、视角、轻松和诗意,已经尽可能地体现在了书里,它于当下汹涌澎湃的历史读物和作者而言,可能都不会成为代表作品,但拿来消费一段下午时光,还是非常好的。

(《中国图书商报》2007年9月4日)

古典中国的细腻纹理

"回忆是时间的旅行,但记忆却不是一条渐行渐远的羊肠小径。有的时候,我们会在记忆发生的地方像采集标本一样地萃取纪念品……"读到《记忆版图》这本书序篇中的文字时,忍不住想要寻找它的作者资料,但奇怪的是,除在文字里表露出作者林育德是台湾人之外,书中包括网上关于他的介绍都非常少。

作者的情怀感和文化感成为《记忆版图》的阅读领路人,他娓娓道来的文字仿佛在说"跟我走吧,我们去领略一小片值得记忆的历史"。之所以说是"一小片"而不是"一小段",是因为这本书源自30幅铜版画。作者所说的萃取纪念品,指的也是这些铜版画,据说这些铜版画原作已价值不菲,那么它的价值究竟来源于画作本身还是画面所呈现的时代呢?

按照我的理解,这些画最初是以它们所刻画的中国景象而深受欧洲贵族们喜爱的。铜版画产生于文艺复兴时期的意大利和德国,17世纪初进入中国,当时的皇帝对铜版画不感兴趣,却对铜版画里刻画的王公贵族如何穿着打扮甚为着迷。反过来,那些来中国淘金的欧洲画匠把他们的作品带回时,欧洲的贵族也对中国皇室的奢华产生了深深的迷恋。那是个"崇华""媚华"的时代,古老帝国躺在自我陶醉的梦里,以为"四方来贺"会永久地持续下去。

在万历皇帝命令宫廷画师放大铜版画册,以便观察欧洲人生活细节的100年后,1700年的路易十四乘坐了一顶中国轿子喜气洋洋地参加了一场在法国举行的名为"中国之王"的盛大舞会。在缺乏媒介的当时,铜版画竟成了东西方国家互致敬意的一种方式。

但根据林育德的解读,铜版画所起到的媒介作用其实是有限的。那些精致画面上的中国面孔,长得根本就像是欧洲人,画师们在早期根本掌握不了中国人的面部骨骼构成。虽然铜版画记录的景象在照相机面世之前算是最精确的,但画面背后所造成的对东西方文化的误解却错综复杂。

在这本书的大多数篇章里,一个叫马嘎尔尼的人出现的频率很高。作为一名18世纪的英国外交家,他因约见乾隆时拒绝跪拜而被广为记录。他的副手斯当东评价乾隆是"靠棍棒进行恐怖统治的东方专制主义暴君的典型"。

在《记忆版图》中,马嘎尔尼是一个看得眼花缭乱的旅行者:他一方面要忍受自己的西方信仰、传统遭遇挑战而带来的不适感;另一方面又为这个东方国度的神秘、庞大而感到迷惑,起码在饮食上——当外国宾客被一轮又一轮点心、小菜、瓜果、鱼翅等塞得肚子胀胀的时候,才发现这不过只是盛宴的序幕。

在读《记忆版图》时，读者难免会产生一点马嘎尔尼式的满足感，无论是天津一场接一场仿佛永不停歇的戏台，还是北京被各种灯笼装饰得一片流光华彩的灯会，抑或是民间养蚕、纺织、染布的场景，这些与文化、自然、生活方式有关的一切，不都是现代中国人喜爱和愿意去追求的吗？不是所有消失的都值得去追忆，但只要那些消失的事物是美好的，就会永远停留在记忆深处，时不时地提醒人们去回想、纪念，甚至愿意去复制，以寻求心灵的居所。

《记忆版图》以铜版画为行文的切入口，但它肯定不是一本铜版画的介绍书，从中也找不到多少史料价值。这是一本以铜版画为名的历史随笔，作者懂得如何撷取与主题有关的人物、逸闻，如作画般地把历史上的某一个点栩栩如生地刻画出来。它兼具闲书的众多可读品质，但也有着淡淡的文化味道，以及点到为止的人文反思。

通过这本书，可以看到古典中国的细腻纹理，目睹被剔除于这些纹理之外的帝国污垢，也能体会到作者想要把自己，把整个家族融入这些历史记忆的某种努力。他似乎想要证实，古老帝国留下的屈辱固然难以忘记，但它曾经拥有的优雅也同样值得回味。

(《香港文汇报》2013年11月11日)

中国人的姓与命

中国人初次碰面爱问三句话——"您贵姓?""年龄多大了?""在哪个单位上班?"这三个问题各有目的,问姓名是好下称呼,问年龄方便排尊卑长幼,问单位是想了解一下对方身份,如果是特别好的单位或者是在单位有个一官半职,大家好给予与其身份相匹配的规格待遇。一般人交代完这三个问题,其他人就大略知道该用什么语气、什么套路来与之讲话了。

在"三大问"当中,询问姓氏往往排在第一位。在中国，姓氏是有着悠久传统的，比如赵姓起源于秦始皇嬴政，后来宋太祖赵匡胤又赐了许多其他姓的人为赵姓，所以直到现在当听闻一个人"姓赵"时，都有人笑脸奉承："您这是皇姓啊。"在《钱文忠解读〈百家姓〉》这本书里，作者用一些既有史实依据，又有民间传说的精短文字，讲述了大多数姓氏的由来和与之相关度较高的故事，是一本迅速了解自家姓氏的入门通俗读物。

姓在人们的意识里，会被等同为"同门同宗"，遇到陌生人和自己同一个姓氏，大家会不约而同脱口而出"五百年前是一家"，亲近感顿时弥漫，交朋友谈生意会变得顺利许多。当同一姓氏的人吵架时，劝架者会说"一笔写不出两个×字"，这个×可被替换为任何姓氏，意思是同一姓氏就是一家人，连两家话都犯不着说，怎么内乱呢？

正是基于以上对于姓氏的传统认识，我很后悔读了这本《钱文忠解读〈百家姓〉》，因为它完全颠覆了我对姓氏文化的理解，揭开几千年姓氏文化的面纱，发现其内里核心可以用一个字形容：乱！读完这本书千万不要学武松说什么"行不更名，坐不改姓"了，往上三辈、五辈、十辈数，也许会发现一直被你引以为豪的姓氏，不过是父辈、祖辈人生际遇中的一个无奈选择而已。

比如韩姓，钱文忠的文章开门见山地就说了，"韩姓的来源非常复杂"，一说韩姓是黄帝的后裔，一说出自姬姓，还有一说是曲沃桓叔之后。这些大致都还能追踪溯源，可接下来钱文忠又写道，有很多兄弟民族在不同时间改为了韩姓。大多数《百家姓》里提到的姓氏，来源说法都五花八门，令人眼花缭乱，看完令人叹息，姓名不过是人的一个符号而已。

看穿了，想明白了，可以把姓当成一个符号或一个代号来看待，但在这个符号或代号的背后，往往能看见姓与命之间的沉重关系。刘震云在他的小说《一句顶一万句》中就写了这样一个具有代表性的人物，从杨百顺到杨摩西到吴摩西再到罗长礼，一个普通中国百姓在不过几十年的时间里，就变换了三个姓，他的养女巧玲在被人贩子贩卖之后也改姓埋名繁衍了一大批后代。如何在这样繁复纷杂的姓氏变化中，去寻找真正的祖先起源？

把姓氏与血脉紧紧联系在一起，是皇室贵族们的事，对于老百姓而言，永远都是活命最重要：困难时期孩子被卖掉改姓的，男人入赘所生后代随女方姓的，孩子过继给朋友随了朋友姓的。在漫长而又经常兵荒马乱的苦难史中，多少人的姓氏随着他们的命运颠簸流离，姓氏真的就成了一顶草帽，哪怕能遮一点阴凉，带来一点福利也是好的。

《钱文忠解读〈百家姓〉》讲了许多与姓有关的小故事，这些小故事要么悲凉，要么荒诞，讲述的都是飘来飘去的人生和若隐若现的历史。在每一个姓氏故事的最后，作者都会进行一个排名，除了会标出某一姓氏在全国姓氏中的排名位置，还会计算出一个大致的总人口数，以及约占全国人口的比例。这一套简单的数据，依然带有古老的认祖归宗的意识。只是，年轻的读者不会再对这些数据感兴趣了吧，对他们而言，在网游或论坛中经营一个霸气的网名，比现实中的姓名还要重要得多。

时代变了,当人的姓氏和人的命运不再那么密切相关的时候,姓氏或许才恢复了它的本质意义。

(《香港文汇报》2013 年 6 月 17 日)

为什么热爱燕京大学?

1952年全国高校院系调整,北京大学迁入燕京大学校址,燕大被分拆,自此创办于1919年拥有33年校史的燕京大学成为历史名词,后来有关燕京大学的回忆文章,许多都使用了"消失的燕京大学"的说法。燕京大学真的消失了吗?在读完陈远著《燕京大学1919—1952》后,有一个强烈的感觉,燕京大学仍然存在,并且永远不会消失。

这么说不仅是因为接纳了燕京大学分拆后学系的北

京大学、清华大学、中央民族大学、中国政法大学等，不同程度地传承了燕京大学的精神与文化，更是因为作为中国大学历史上一个辉煌的存在，燕京大学的名字并没有因为时间的流逝而黯然，反而在大学精神逐渐沦丧，许多大学生看不起母校的今天，有着熠熠闪光的示范效应。

在读这本书的时候有个问题一直萦绕心间，"他们为什么如此热爱燕京大学？"整个阅读过程也成了寻找这个问题答案的过程。从最狭义的角度理解，美国教会当时在中国创办多所教会学校，主要目的是培养神职人员，让基督教在中国落地生根。从二元对立的角度看，也可以偏激地理解为"信仰侵略"。在整个燕京大学从筹建到壮大再到被分解的过程中，"信仰侵略"都是一个巨大的阴影，"谁出钱办学"成了大学的"原罪"。然而，用今天开放的眼光看，"谁出钱办学"并不是什么问题，关键在于要办一所什么样的学校。

校园与学子之间，有着血脉相连的关系，热爱母校本身，也成为一种信仰。《燕京大学1919—1952》描述了汇文大学、华北协和女子大学、通州协和大学这三所学校合并为燕京大学的艰难。大家都希望新学校的名字能有原校名出现,甚至为此不惜"大吵三天三夜",有学生要以焚烧毕业证书来表达意愿。他们如此热爱母校,是因为那时的大学之于年轻学子而言,融合了学习知识、寄予理想、提升精神、刷新生命等诸多功能。创办者的辛劳自不必说,但只有被学子用赤诚之心来守护的大学,才是一所优秀大学的根本。

作为燕京大学首任校长,也是最重要的一位校长,司徒雷登为创办、发展和保护燕京大学呕心沥血。他的最可敬之处,不在于向美国老太太(教会资金主要捐赠者)伸手要办学经费,也不是巧妙周旋于政坛人士、社会名流中间为燕京大学保驾护航,而是利用"将在外,君命有所不受"的策略,更改了教会办学的主旨,把燕京大学带向了"因自由,得真理,以服务"的现代大学之路。这句校训中的每个字虽都能在教会那里找到渊源,但在今天看来,却是世界主流价值观的体现,是每个公民毕生追求的理想境界。

司徒雷登热爱燕京大学，一方面是出于情感投入良多的缘故，另一方面是他对大学有着超越国别、政治、文化的认知。他办学的动力也许用四个最简单的字就能形容，这四个字即"教书育人"。花高薪请名教授，以中国古建筑风格建设教室、宿舍，如鸟筑巢般地让燕京大学在如此之短的时间里成为当时的世界一流大学，若非有涓涓不断的热爱来支撑，是无法完成的。

司徒雷登是一个诚实的人，他只想办一所中国大学，至于燕京大学的西方渊源，他觉得只有谈到历史时才有必要提到。燕京大学之所以在非基督教运动和收回教育权运动这两次冲击下仍能安然无恙，和司徒雷登对待燕京大学的诚实态度有很大关系。燕京大学壮大时，已不是他一个人、一个教会的燕京大学，而是中国人的燕京大学。

《燕京大学1919—1952》是一本通过采访燕京大学校友以及研究史实资料而写出的读物，文字客观冷静，但读时仍偶有激动之感。这激动有些来自本书始终如一的历史观：摒弃各种外在杂音，坚持对大学精神进行纯粹的还原。对旧日大学的怀念潮，这些年集结出许多让人感慨的著作，阅读它们，方能真正了解大学的含义。

（《新京报》2013 年 8 月 10 日）

酒后漫谈的快意

　　同样作为情绪化的产物，"忧伤"是文化人书写的永恒主题。18岁的萨冈写了《你好，忧愁》，帕慕克在《伊斯坦布尔》中写了呼愁，而在中国现当代文学作品中，忧伤与愁苦弥漫于字里行间，但却很少直面这种情绪的来源，写作时虽然深刻又细致，但反思时又多躲避姿态。

　　李辉著《新世纪谁还忧伤：李辉访谈录》，书名直接而凌厉，直接以世纪之分，为忧伤划分了年代界线。进入新世纪后，忧伤成为一种稀缺的情绪：人们忙于遗忘，没时间忧伤；大家精神麻木，喜欢用喜剧来刺激神经，遇到忧伤的事物，都学会了绕道走。忧伤成为旧世纪的一个标签。

在自序中，李辉谈到黄永玉先生捐赠给上海巴金故居的一尊人物雕像。雕像为一个年轻人张开双臂迎接新世纪的到来，黄永玉先生将这尊雕像命名为"新世纪不再忧伤"，因此这尊立于巴金故居的雕像具有了意味深长的寓意。众所周知，巴金晚年是在忏悔的苦痛中度过的，他的忧伤比一般人的忧伤更深重，他的忧伤是历史恶作剧般的"馈赠"，且如此难以摆脱。

"新世纪不再忧伤"，有了预言一般的先知性，浮躁与焦虑取代忧伤成为民间的普遍情绪，而"谁还忧伤"则成为一种追思与找寻。李辉这本主题性很强的新书，通过作者与王世襄、林贤治、王元化、杨宪益等文化人物的对谈，带领读者走进历史深处，去观察文化老人的身影，体会历史事件的灰烬余温，从细节中捡拾人物真实的一面，在唏嘘与感慨里体会风云变化。

访谈的形式为本书内容带来了一种非正式文体所独

有的轻松感,读者阅读时也有身临其境的现场感,与每一位访谈对象的交流,都涉及生活、情感、思想等方面的点滴,因此,被访问者的讲述呈现出一种真实感与立体感,有助于读者走近一些,再走近一些,用一个新的角度,来对谈到的某个具体人物或具体问题,进行新的观察。

在《王世襄谈文化之痛》这一篇中,王世襄谈到了与黄苗子、聂绀弩等人的交往,名门望族的出身,童年时的记忆,年轻时的恋爱经历,钟情于收藏等爱好的大玩家身份,出版的著作等等,20余页的篇幅里,话题天马行空,信息量很大,但主旨又是围绕人的命运展开,并不凌乱,有酒后漫谈的快意。

在《林贤治谈鲁迅》这一篇中,对于21世纪鲁迅被漫画化,被曲解,林贤治觉得原因是,"鲁迅的叛逆思想,鲁迅的反权威、反庸众的传统,没有很好地受到重视,不但没有受到重视,反而受到知识分子的敌视"。在流行文化铺天盖地的时候,早已成为一种传统的鲁迅,被忽略与轻视,仿佛是一种必然,这是件颇令人无奈的事情,而无奈,也是可以划归忧伤的一种。

2016年是鲁迅逝世80周年,"时间流逝无情,人与历史场景,却不会离我们远去"。中国人喜欢整齐的年份数字,不知道在这个历史节点到来的时刻,舆论场会有什么样的反应,会不会有大规模的纪念、讨论、反思活动,也许会有,也许没有……就算是后者,人们也会习以为常,因为新世纪已经无人忧伤。

(《香港文汇报》2016年2月1日)

帮年轻人反思祖辈们的生存土壤

出生于20世纪30年代的作家林希是有资格写旧社会的，尽管他的这本新书《你不知道的旧社会》，更多是写他对旧社会的童年记忆、民间传说和逸闻，但这本以个人视角写出来的书，还是可以帮年轻读者打开一扇观看旧社会的窗子，扑面而来的有迂腐的封建气息，也有许久不曾体会的乡土味道。

作者是以批判的口吻来写这本书的，绝无借古讽今之意。林希以一位长者的身份，在给年轻人讲故事，通过故事来讲述几千年来的市井雅俗、世俗礼仪、民间文化。这些故事可以帮助年轻人反思,祖辈们的生存土壤,这片家园曾经的荣华与腐败。

这本书里的旧社会,警匪勾结,盗贼遍地,作者在贬损这些丑恶现象时用笔直白,比如"水上警察名声最坏、最黑、最不是东西……"水上警察指的是旧时代的天津港秩序维护者,他们的坏在于,平时是熟悉的人,一旦落入水上警察的手里,水上警察马上六亲不认,将人抓进局子一顿毒打,被抓者交上钱后,水上警察"哈哈一笑,拍拍肩膀,河上见面还是朋友"。

旧社会权势是一切潜规则的核心,青帮也好,洪帮也好,是不会招惹权势的,与权势有关的家族,也基本不会遭遇盗贼宵小的骚扰,在旧社会得罪权势,意味着灭顶之灾。但除权势之外,维持旧社会运转的,还有天地良心、因果报应、善恶循环等道德层面的规则,比如作者讲到,他们家门口悬挂着一道善人牌坊,这道善人牌坊是因为他们家开设粥厂向饥民施粥,邻人们给挂上的,绑匪盗贼见了善人牌坊要绕道走,一旦洗劫了善人家庭，村邻们不会答应，会动用集体力量将洗劫者剿灭。

书里还有个小故事比较有意思，一赌徒输尽家产准备跳河自杀，被一老者劝救下来。在老者帮助下，赌徒从赌场赢回了所输的钱，从此改邪归正，而老者曾是开赌场的，害无数人家破人亡，唯有救7人，才能赎罪，因此才每天凌晨到河边搭救轻生者。用现代的眼光看，这也算封建迷信，但无论是善人牌坊可保护善人，还是赌场老板救人赎罪，都说明在旧社会，道德约束还是能够起到很大的作用，在法律所不能及的角落惩恶扬善。

旧社会有好也有坏，它好的一面，大约就是伦理纲常中那些光明、善意、温暖的一面了。现在回顾旧社会，不是惦念旧社会里的那点好，而是想去寻找当下缺失的东西，丢失的文化传统从哪里找？只有从历史中去找，找出来，擦亮了，洗干净，再为当下所用。认为旧社会一无是处，全部都要打翻的观点是偏激的。

绑匪不得绑架女人、不得撕票，小偷不可偷救命钱，乞丐给脸得要，不能无所顾忌，这些旧社会里的规矩本来不值得津津乐道，但规矩所体现的底线意识，还是值得思考的。底线是近年媒体频频提到的一个词，守住底线其实就如同小偷不可偷救命钱一样，不要让我们为自己生活的环境而感到无地自容。颜面有时候不过是一块遮羞布，但不能连这块遮羞布都不讲究了。

近年多有描写旧社会的著作出版，虽没有出现畅销书，但知识分子对过去时代的认识，走出了狭隘的旧社会观念，对读者有一定的启发意义，看事物要从两面看，才能发现与了解真相。

（《北京青年报》2014年2月28日）

历史的墙角可以这么拆

易中天、于丹的讲坛还在持续地开讲，通俗历史书还在规模化地出版。这让人有些担心：一是担心学者、教授们这么密集地"产蛋"，质量得不到保证；二是担心观众和读者在专家和媒体的"咬嚼"、挑错之下，会渐渐烦了、腻了，好不容易火起来的通俗历史热会就此冷了。这种担心同样出现在看到《那一次，我们挨打了》时，坦白说，我不喜欢这个书名，有为了通俗而通俗的嫌疑，直白易懂是好的，但直白到这种程度确实也让人难以接受。

《那一次，我们挨打了》的作者署名端木赐香，曾出版过《中国传统文化的陷阱》《糊涂读史》等著作。孔门七十二贤之一的子贡姓端木名赐，作者在后面加了一个"香"字，以示希望自己"像子贡一样风流倜傥，像子路这样傻不楞登，像孔子那样灰不溜秋"。除这个看上去有些奇怪的笔名之外，作者还有一个网名"三糊涂"，在网上身份并不神秘：女性，河南某师范学院任教，除写作通俗历史书外，也写博客叙述些家长里短的琐碎。

端木赐香是网络特征明显的一位作家，这从她的网名可见一斑，但更多的却体现在她的文字里。新书中，端木赐香对网络语言的运用愈加熟稔了，类似"我晕""扯淡""粪青"这样的网络词汇应用起来得心应手，道光皇帝是帝国的"法人代表"这样的形容也比比皆是。翻阅全书，可以很容易发现端木赐香不仅是用网络语言的风格在写作，更是用网络时代的观点和评判标准去衡量历史事件。这样做其实是在把玩一把双刃剑，轻松幽默的写作容易让读者接受，但又存在着给历史蒙上戏说面纱，削弱真实一面的可能性。但这是网络时代阅读走向不可避免的选择，拆历史的墙角，必须这样嬉笑怒骂才会有观众和读者鼓掌。

《那一次，我们挨打了》对第一次鸦片战争进行了全景式的解读。端木赐香是将这段历史放置于世界广角镜下来进行观察和剖析的，她的写作带有丰富的感情色彩，但却完全是客观公正的旁观者立场，同时，戏谑的态度也让这段一贯令人心情沉重的历史变得云淡风轻起来。作者对"战前""战中""战后"理性的认知，以及对"其人""其事""其局"感性的了解，使得读者意识到，鸦片战争并非一次天灾人祸的偶然事件，而是先进与落后、开放与封闭、侵略与抵抗在历史进程中必然的碰撞。

在破解历史棋局的时候，通俗历史书的作者通常会选择还原人的本性，来作为"大人物创造历史，小人物改变历史"这个观点的佐证。在《那一次，我们挨打了》中，端木赐香采取国家与国家、女王与皇帝、硬实力与软实力等现在常用的PK形式，为战争结果的胜负提供了足够多的细节铺垫，这些细节很有说服力，令人恍悟。比如在维多利亚女王与道光皇帝的PK当中，端木赐香从人物性格、家庭收入、情感生活等诸多方面进行了分析，两者之间的不同，其实便是两个国家、两种制度、两种文明的不同。这种对比很鲜明，比严肃的说教更容易令人理解和接受。

《那一次，我们挨打了》有一些八卦，好在这些八卦更多的是起到调节气氛的作用，而非给历史化妆的作用。反正历史的墙角已经有人用各种各样的方式拆了，不在乎再多一两种。

（《北京青年报》2006年8月23日）

做历史的旁观者

现在出版的大众历史通俗读物实在太多了,中国人仿佛一夜间都喜欢看史书了,这要归功于这些书的作者。在大众历史知识匮乏得令人不忍提起的时候,这些堂堂正正地摆到书架上的大众历史书像一场及时雨,滋润了那么多焦灼的心灵。只是这些书多了,便牵扯到一个怎么读的问题,坐读还是卧读?细读还是速读?较真儿读还是闲翻书?……在一些历史事件上,三位作者恨不得有五种说法,孰是孰非?直到手中握了一本《糊涂读史》，方才明白，作为普通读者，如果非得把某个历史细节揪出个子丑寅卯来，怕是要累死。我们何不学学郑板桥先生，把他"难得糊涂"的处世哲学应用到读书上？

糊涂读史，不等于不分青红皂白，作者怎么说读者就怎么信。《糊涂读史》的作者端木赐香说："历史是复杂的——历史的必然与历史的偶然交错其中，那是一个多重博弈的过程。"而且，历史还经常被错误地书写，相信一家之言，纵然也是对历史真相的一种接近，可是，在你确凿地认为这就是历史的时候，万一历史玩个大变脸，难免有人会大跌眼镜。所以，我同意端木赐香的一个观点，写历史书就是要"拆历史的墙角，探文化的陷阱"。在阅读过程中，最能吊起读者胃口的恐怕就是"拆墙角"和"探陷阱"了，这是一种文字考古和大脑历险，旨在不断打碎和重建你的历史观。

比如，端木赐香就打碎了孔子在我心目中的形象。在题为"圣人的小样儿"这一节中，作者先是用现代语言对孔子自由地周游列国进行了解读：不用身份证，不用办签证,上高速也不用掏过路费,带着一帮前呼后拥的学生,走到哪儿吃到哪儿……这样的形容,读者大抵是熟悉的,因为官方的历史书上就是这么写孔子的,只是官方史书从来没告诉过我们孔子的相貌,端木赐香说(当然在前面冠以"据说"两字)孔子:前额凹陷,眼睛外凸,牙齿龇出,鼻孔上翻。看到这里我是有些纳闷的,前段时间热闹地讨论过一阵子"孔子标准像",我在网上看过,比一些史书上写的帅多了。单单一个相貌问题,反差就如此之大,我们该相信谁?

书名叫《糊涂读史》,但隐藏在文字背后的作者却能时时让读者感受到她的聪明。缜密的思维,跨越几千年,让古代语言与现代语言融合,官方语言与民间语言交织,为我们捧出了一个个曾熟悉或陌生的历史细节。这种交流是愉快的,作者写的,读者多少知道一些,而在阅读过程中,读者也会不断拿出以前的阅读经验来与之比较。在这个过程中,读者便身不由己地成为"旁观者"了,而如果没有这些历史闲书的参与,读者则永远是个"受教者"。做"旁观者"的滋味是很舒服的,如果你观过棋局,大概能了解其中的乐趣。

我们要看史学家的史书还是看平民作家的史书?这个问题也可以这样问:我们要看"二十四史"还是要看评书、相声一般的历史通俗读物?其实,读者已经以消费者的身份做出了他们的选择。史书不见得真,通俗读物不见得假,看历史就要有一颗糊涂心,但眼光还是要保持雪亮的,不能丧失了辨别能力。

(《文汇读书周报》2006年11月30日)

名桥如名媛

没想到会有人专门为桥写一本书。桥有什么可写的？它们就那么沉默地横亘于河流之上，任车流或脚步碾踏而过，百年甚至千年不变。人们在遇到大桥的时候，偶尔还会感叹，"瞧，这桥多壮观啊"，"看，这桥修得太神奇了"，但感叹之余，并无其他更多想法。遇到小桥，就算挪足走过，也浑然不觉。我们对待桥，就仿佛对待那些默默帮助过我们的朋友，有时连感谢都不会说出口。

日本作家中野京子也没打算对桥说出感谢，因为，对有些事物，简单地说出感谢，实在有些太落俗套了。中野京子要通过讲故事的方式，讲出所有的桥中都隐藏着的秘密。当然，全世界大桥小桥数不胜数，中野京子也只能挑选那些有名的桥作为代表，来叙述桥的存在、桥的历史、桥的情感、桥的阴影。

对于桥的阴冷故事，书中可没少描述，读来印象深刻的有两篇。一篇是书中开篇写到的"恶魔之桥"，在欧洲有"恶魔之桥"或"魔桥"之称的桥竟然有几十座之多。瑞士乌里州人打算在一个峡谷修桥，但峡谷的险峻难倒了工匠，工匠喃喃自语说了句"要是恶魔可以建这座桥就好了"。没想到真有恶魔帮助人们实现了这个愿望，但恶魔要求享用第一个过桥者的肉体与灵魂难住了当地人。后来有聪明人想出一个办法，让一只羊过了桥，羊也有肉体和灵魂的啊，恶魔被涮了一道。这个故事的冷幽默成分，削弱了它的阴冷色彩，毕竟桥的发明，源自人类智慧，恶魔也不能利用制造桥的特殊才能，来盘剥人类利益。

位于旧金山的金门大桥，按照流行的说法，是一个"自杀圣地"。建桥之人的想法是好的，桥本身是无辜的。与桥相比，作为个体的自杀者太过渺小，是不是从桥上跳下的那一刻，人的生命会因为这最后的仪式感，而获得一点点尊严？

在讲述桥的故事的同时，中野京子没忘时时分析人与桥的关系。比如时常坍塌的伦敦桥，但就桥的功能属性而言，它可没什么值得骄傲的，但因为人的参与，多了一些文化意味。当地人在桥上建了许多商店，甚至在桥上建过教堂，后来教堂被亨利八世拆掉了。600多年后，当伦敦桥将要再次倒塌时，被一个美国开发商花了200多万美元买走了，这个商人觉得，买走的不是一座废桥，而是一段历史，一种文化。由此看来，桥与老人一样，经历的沧桑越多，就越有故事，越有价值。中国人在对古建筑的保护中，也尤其注意到对桥的保护，桥对于中国人而言，也是有着丰富的意味的。

最有名的成语"过河拆桥"，就是用来形容那些损人不利己的人的。对于古人来说，建桥与挖井、栽树等行为一样，都是造福后人的事情，自己过了河就把桥拆了，这在传统道德层面上是非常令人看不起的行为。"船到桥头自然直"，是古人在拿桥说事儿，来表达一种豁达的人生观念。在这个观念中，桥作为"稳固"的意象出现，桥是不会动的，但船可以动，适时改变自己的行走方向，才能找到最适合自己的道路，日本漫画家武井宏之就甚为推崇这个道理，他的作品《通灵王》中的男主人公麻仓叶，就拿这句话当口头禅。

中国有许多名桥，卢沟桥、赵州桥、玉带桥等等，每一座桥都是历史的见证者，每一座桥都有时光的刻痕。唐诗宋词里，桥是文人抒发情感的关键词，白居易感叹着"细水涓涓似泪流，日西惆怅小桥头"，杜牧伤怀于"二十四桥明月夜，玉人何处教吹箫？"哪一个重要的诗人没写过与桥有关的作品？中国作家要是写桥的故事的话，那可以翻遍文学史，写尽桥的风情。

回头看中野京子写的这本《桥的故事》，她是有选择倾向的，简单好读的文字，帮读者穿过无数有关名桥的繁复资料，用个体趣味、现代视角去衡量与评价笔下之桥。在中野京子的描述中，一座座名桥如一位位名媛一样，有了各自的风采与滋味，"她们"的倩影会聚于一本书里，融合成一座桥。这座桥的那头，是已成历史的人类文明图景，这座桥的这头，是逐渐把虚拟桥梁（互联网）当成重头戏的现代人，对过去的闪烁凝望。

（《中华读书报》2016年3月2日）

历史的酒杯底下摇曳着什么？

前几天看《百家讲坛》，正逢纪连海讲《孝庄下嫁多尔衮之谜》，没过几分钟，便被深深吸引了进去。没想到，就是这么一条似是而非的"古代绯闻"，能被纪连海分别从正史、野史、民间传说等多个角度掰扯了数个回合，虽然纪老师的啰唆堪比唐僧，但他的讲课，令我想起久违的评书。

自从知道那句疑似出自胡适之口的"历史是个任人打扮的小姑娘"的名言之后，就很少阅读历史书了。如果历史不能通过书籍的方式告诉我们,在那些如烟波浩渺散去的时光中究竟发生了些什么,至少也得让我们能够立体地观察到那段历史的各个层面。遗憾的是,我们能够阅读到的史书多长着一副苦大仇深的面孔,语言艰涩,其意难明,以难倒读者为己任。这大概也是《百家讲坛》火爆一时的主要原因。

现在想学习、了解历史,最流行的方式是"品读"。在各种信息令人应接不暇的时代,再要求每一位读者抱着"对历史负责"的态度去读史,难免有点强人所难了。既然摆脱不了历史被人打扮的事实,何不端一杯茶惬意地卧坐于沙发中,听闲人讲"小姑娘们"过去的事情?最近读到一本《历史总是叫人惦记》的书,几页翻下来,便大略可以将其归到"品读书"的书架上去了。

"品读"真的是一个好词语,它尊重史实,竭力还原历史的本来面目,但不正襟危坐,也不排斥闲情逸致,常用现代的语言和观点将古人之事分解得五彩斑斓——如同这本书的书名,你要么惦记诡秘莫测的宫廷斗争,要么惦记气吞山河的英雄虎胆,要么惦记惨烈悲壮的国家争斗,要么惦记被无数人传诵的诗词雄文……即使这些都不关心,那"小怜玉体横陈夜"之事,总会让你那翻起书来无比沉重的双手多了点轻灵吧?

中国的严肃作家有时候总是放不下脸面,觉得津津乐道一些上不得台面的逸事是对自身写作的不尊重。这些年受阅读潮流的影响,严肃作家们集体转型,华丽转身。他们开始投入极大的精力,用深厚的知识储备、扎实的写作功底以及对世事看透积累下来的祥和心境,去研究历史这台大戏中被忽略或被遗忘了的配角甚至道具。

《历史总是叫人惦记》的作者把自己的写作定义为"大历史散文",对"历史的人"进行趣味的、文学的观察,把整个中华大历史写得动人心魄。与学术明星的煽动性写作相比,本书作者保持了严肃作家独具的客观和冷静,能够"一洗民间艺人和戏剧演义垢腻的油彩,重新发现历史的真实",同时能够从野史中寻觅到有价值的蛛丝马迹,佐证史书记载,验证了鲁迅那句"历史真相要到野史中去发现"的说法。

作为作者"回望历史"丛书中的其中一册,《历史总是叫人惦记》在细节上下了很大的功夫。笔下的人物开始说话并被赋予语气助词,使得那些人物仿佛穿越历史积沉,活灵活现地呈现于纸页之上。

有些情节的场景化设置,使得阅读被趣味包围。如:东魏大将军高澄与孝静帝一次打猎后宴饮,君臣因为劝酒的事情掐了起来。高澄大骂皇帝:"朕!朕!狗屁朕!还敢在我面前充大!"并指使亲信打了皇帝三拳,臣下打皇帝,而且不自己动手,让手下人代劳,当是中国历史上的一大趣闻。为形容辽朝大奸臣耶律乙辛的奏章《奏懿德皇后私伶官疏》写得好,作者以电影脚本的方式对皇后萧观音与汉族伶人赵惟一的偷情全过程进行了"回放",奏章与电影脚本的对比相映成趣,对这段历史感兴趣的读者想必立刻会思维贯通,久悬于心头的疑问也很快明白晓畅起来。

或许是因为书名的缘故,这本书收录的多是暴君荒淫残暴、宫廷风流韵事、群臣党同伐异之事,当然也不乏感人的爱情故事。全书看下来,却无"仁者见仁、淫者见淫"的不适感,只感叹人生无常,命运多舛,从古至今,不管朝廷山野,无人能出其右。如此一想,再去注视历史这盏酒杯的底下,那"小怜玉体横陈夜"之事,也变得烟一样轻,雾一样淡,露珠一样无常了。

(《北京日报》2008年6月20日)

精品栏目荟萃

《副刊面面观》
《心香一瓣》
《纽约客闲话精选集 一》
《多味斋》
《文艺地图之一城风月向来人》
《书评面面观》
《上海的时光容器》
《谈艺录》
《问学录》
《名人之后》
《纽约客闲话精选集 二》
《编辑丛谈》
《本命年笔谈》
《国宝华光》
《半日闲谭》
《这么近,那么远》

《群星闪耀》
《深圳,唤起城市的记忆》
《风云记忆》

个人作品精选

《踏歌行》
《家园与乡愁》
《我画文人肖像》
《茶事一年间》
《好在共一城风雨》
《从第一槌开始》
《碰上的缘分》
《抓在手里的阳光》
《阿 Q 正传》
《风吹书香》
《书犹如此》
《泥手赠来》
《住在凉山上》
《老解观象》
《犄角旮旯天津卫》
《歌剧幕后的故事》

《色香味居梦影录》
《走读生》
《回家》
《武艺十八般》
《一味斋书话》
《收藏是一种记忆》
《沙坪的酒》
《花树下的旧时光》
《嘉兴人与事》
《"闲话"之闲话》
《红高粱西行》
《丽宏读诗》
《流水寄情》
《我从〈大地〉走来》
《守望知识之狮》
《慢下来,发现风景》

《有时悲伤,有时宁静》
《装帧如花》